フランス革命の肖像

佐藤賢一

はじめに

ジャック・ピエール・ブリソという男がいる。本文にも登場するが、フランス革命の途上で興隆した党派、いわゆる「ジロンド派」の指導者である。

元々の職業をいえば文筆家で、『フランスの愛国者』という新聞を発行していた。議員の席を得られたのも、ジャーナリストとしての高名がものをいったからだが、なるほど、なかなか面白い説を論じている。男性の髪型には革命的なそれと革命的でないそれがある。鬘《かつら》をかぶらず、髪粉もふらず、自毛のまま、鏝《こて》さえ当てない短髪こそ革命的である。うねうねと波打たせ、あるいは額の毛を高く立ち上げ、はたまた中国人の辮髪《べんぱつ》を真似て編んだものを背中に垂らすような長髪の鬘というのは、貴族的な虚栄と頽廃《たいはい》の徴《しるし》に他ならない。と、そんなような主張を唱えているのだ。

こだわるブリソの髪型は後の頁で確かめてもらうとして、いわれてみれば日本でも明治維新のときには髪型が一変した。チョンマゲを落とし、皆いっせいに西洋風に改めたのだ。「ザンギリ頭を叩いてみれば、文明開化の音がする」

文明開化というが、その西洋化、近代化のプロセスも含めて、あれは一種の革命だった。もしや革命というものは、政治の仕組みや社会の成り立ち、あるいは物の考え方だけでなく、人間のみてくれまで一変させるものかもしれない。いや、一変させてこそ、本物の革命といえるのかもしれない。そう思いついて、フランス革命に戻ると、その前と後ではブリソがいう髪型のみならず、色々なものが確かに別になっていた。

例えば、フランスには「サン・キュロット」という言葉がある。革命当時に、貴族が愛用していた「キュロット（半ズボン）」を「サン（はけない）」ような平民、もっといえば貧しい労働者階級くらいの意味で使われた言葉である。

ある種の蔑称といってもよいが、今にしてみればどうか。ヴェルサイユの宮廷貴族がはいていたようなキュロット、つまりは絹の長靴下で包みながら、ふくらはぎの曲線を誇らしげに露出させているような男性ファッションとなると、はたして頂けたものだろうか。

好んで身につけたいとも思わず、つまり革命から後は「サン・キュロット」ならずとも、きちんと長ズボンをはくのが普通になっていったのだ。

王政を廃したというが、フランス革命など最後は擬似王政ともいうべきナポレオン帝政に落ち着くではないか。そんな風に評価を割り引く声もあるが、みてくれという意味では決して後戻りはしていない。ルイ十六世は白い鬘をかぶり、キュロットをはいていたが、ナポレオン一世は黒々した自分の髪を露出させて、長ズボンに長靴なのだ。復古王政のルイ十八世やシャルル十世はさすがに先祖返りを示すとして、続く七月王政のルイ・フィリップ王も、第二帝政のナポレオン三世も、やはり長ズボンを愛用し続けるのだ。

やはり革命は起きた。とはいえ、髪型や服装といったものを一変させるのは、あるいは簡単なのかもしれない。外側だけなら、いくらでも取り替えることができるからだ。ひるがえって、内側はどうだろうか。簡単には取り替えられない部分、例えば顔など、革命の前と革命の後では別になるのかならないのか。

当然ながら、ひとりの人間で大きく変わるわけがない。顔が別になるかという問いかけは、政治の表舞台に出てくる相貌《そうぼう》が革命の前と後で変わるのか変わらないのか、あるいは革命の最中においても、ときどきの局面で入れ替わるか入れ替わらないのかと、それくらいの好奇心に発している。さらに論を進めるならば、顔の歴史というものは可能か。抽出された顔、顔、顔から、なにか読み取れるものがあるのか。つぶさに見比べているうちに、新しい解釈が浮かぶのか。

思いつきに背中を押されて、悪戯《いたずら》なかばで探し始めると、フランス革命に足跡を記した人々の肖像画たるや、あること、あること。市民社会の到来というならば、大半は王侯貴族でなし、必ずしもお抱え画家がいたわけでもあるまいに、よくぞこれだけ残されていたものだ。さすが文化大国フランス、さすが芸術の都パリと安直に感心するより、選挙で議員に選ばれなければならなかった革命家たちは、かえって王侯貴族たちより顔を売る必要に迫られていたのかな、写真がない時代であれば肖像画の他に仕方なかったのかなと、のっけから想像力を刺激された。そう、元来が顔というのは、みる者の想像力を刺激するものなのである。

フランス革命の肖像——さて、どんな顔が登場するか。

目次

Table des matières

グラン・トリアノン
プチ・トリアノン
大運河
ノートルダム教会
ヴェルサイユ宮殿
パリ通り
球戯場
ムニュ・プレジール公会堂
サン・ルイ教会
ヴェルサイユ
サン・ドニ通
サン・マルタン通り
F.サン・マルタン
F.タンプル
タンプル塔
パリ市政庁
マレ地区
サン・タントワーヌ通り
バスティーユ
F.サン・タントワーヌ
サント・ジュヌヴィエーヴ大修道院付属聖堂
タン
.サン・ヴィクトル
セーヌ河

Fはフォーブル
（城外地区）

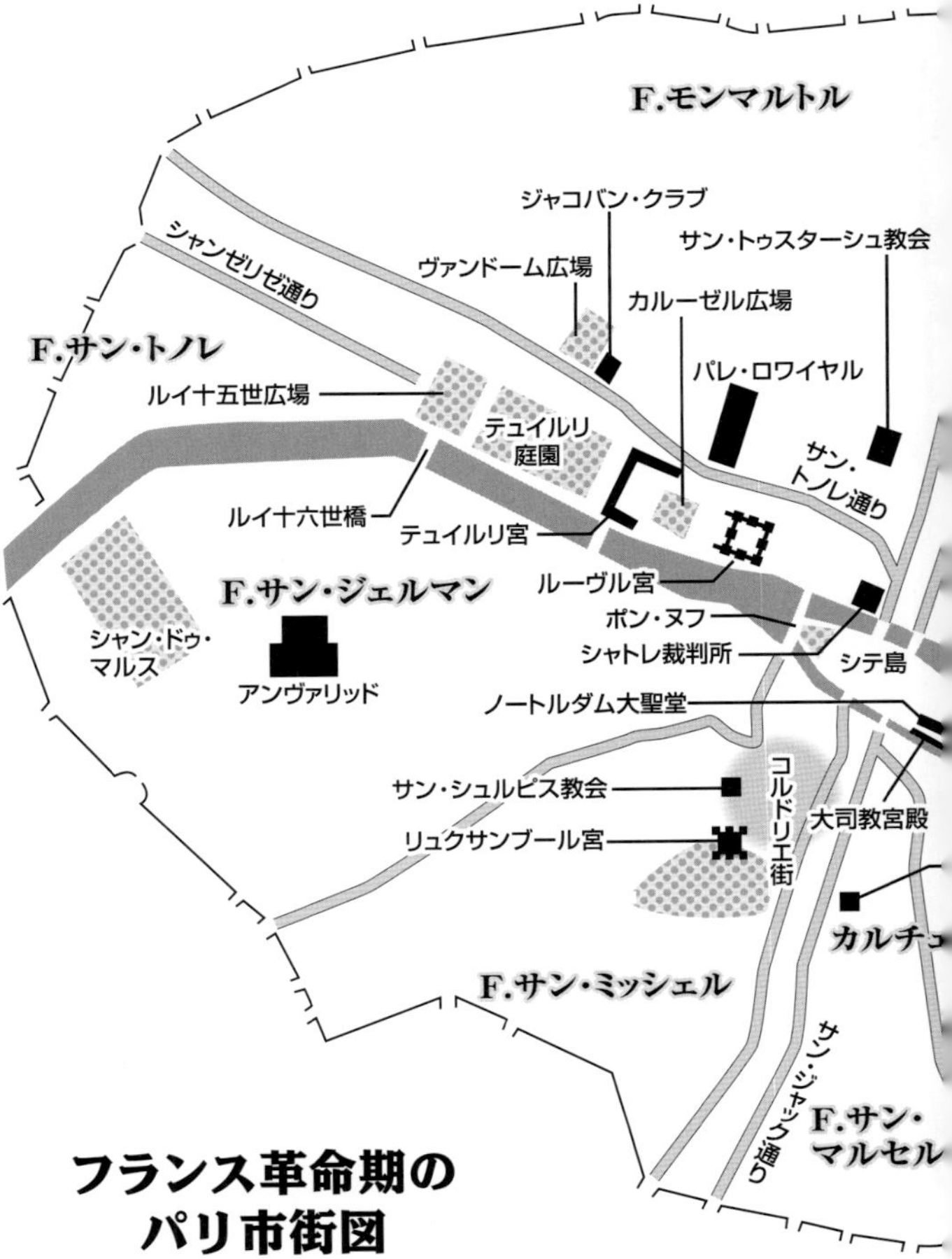
F.モンマルトル
ジャコバン・クラブ
サン・トゥスターシュ教会
シャンゼリゼ通り
ヴァンドーム広場
カルーゼル広場
F.サン・トノレ
パレ・ロワイヤル
ルイ十五世広場
テュイルリ
庭園
サン・
トノレ通り
ルイ十六世橋
テュイルリ宮
F.サン・ジェルマン
ルーヴル宮
ポン・ヌフ
シャン・ドゥ・
マルス
シャトレ裁判所
シテ島
アンヴァリッド
ノートルダム大聖堂
コルドリエ街
サン・シュルピス教会
大司教宮殿
リュクサンブール宮
カルチュ
F.サン・ミッシェル
サン・ジャック通り
F.サン・
マルセル

フランス革命期のパリ市街図

本文デザイン・組版　アイ・デプト．
地図作成　金城秀明

1

前夜の肖像

Les portraits à la veille de la Révolution

失政は革命の母。往々それは圧政でもあるわけだが、フランス革命も例外ではなかった。一七八九年の国王政府は巨額の赤字を慢性的に抱える、財政破綻に見舞われていた。

こんな風に始めると、読者は豪壮華麗を誇るヴェルサイユ宮殿で、日々の贅沢三昧を繰り返したフランス王妃、マリー・アントワネットの顔など思い浮かべるかもしれない。

もちろん、宮廷の浪費もないではなかった。その無駄遣いは庶民の目に腹立たしくも映っただろう。が、その実際の額はといえば、一国の財政を傾けるほどではなかった。

本当の金食い虫は他にあった。いうまでもなく、戦争である。この戦争こそ歴代のフランス王には、仕事であり、使命であった。王たるもの、フランスという国の栄光を証明するために、常に戦勝の華に飾られていなければならなかったのだ。

革命当時の国王、ルイ十六世はといえば、性格的にはおよそ好戦的なところがない人物だった。それでも先王たちと同じ営みに手を染めたわけだが、その戦争というのが面白い。あるいは運命の皮肉なのかもしれないが、ルイ十六世は一七七五年に始まるアメリカ独立

ルイ十六世
Louis XVI　1754-1793

戦争を積極的に支援した。反イギリスの立場から、いいかえれば七年戦争に報復する意図での参戦だったとはいえ、それは民主主義の国を造るための戦争だったのだ。

参戦の約束を取りつける一七七八年の同盟締結から、その仲裁でイギリスにアメリカ独立を承認させる八三年のパリ条約まで、困難な外交交渉をものにせんと、フランスを東奔西走したアメリカ人が、ベンジャミン・フランクリンである。

蠟燭《ろうそく》職人の子として出発しながら、まずは印刷業を手がけ、そのうち新聞の編集に携わるようになり、作家、物理学者、発明家とマルチに才能を開花させたあげく政治家としても活躍した、アメリカ黎明《れいめい》期《き》の名物男といってよい。

なるほど、肖像画をみれば、まず目につくのが旺盛な活力を物語るかのような、大きく秀でた額である。脂性の元気親爺といえなくもないが、それでいてクリクリ丸い目の形は、それを街の名物にしているボストン生まれだからではあるまいが、どこか愛らしいリスを連想させるものだ。利発な知性の輝きのみならず、ある種の人懐こささまで云々すれば、さすがに深読みというものか。

さておき、この「アメリカ建国の父」は「フランス革命の父」でもあったかもしれない。

フランクリン　Benjamin Franklin　1706-1790

アメリカ独立戦争に肩入れしたために十億リーヴルともいわれる負債が発生、フランスの国家財政が一気に破綻の淵まで追いやられたからである。

ルイ十六世は財政再建に手をつける。この大仕事を任された大臣が、重農主義で知られる財務総監テュルゴ、敏腕の実業家として有名だったスイス人ネッケル、さらにカロンヌ、ロメニ・ドゥ・ブリエンヌ、そして再びネッケルと次から次へと交替させられ、つまりは誰も長続きしていない。

財政再建といっても、有望な解決策は特権身分に対する課税しかなかった。フランスでは税金とは平民が払うものであり、特権身分、すなわち聖職者と貴族は、領主として、地主として、たんまり持っていたにもかかわらず、綺麗に免税とされていたのだ。

だから払えといって、大人しく払うようなら、はじめから問題になっていない。特権身分の抵抗は激しかった。大臣が次から次へと辞職に追い込まれたのも、そのためだ。

それでもカロンヌは一七八七年二月に名士会議を召集した。味方になってくれそうな有力者を集め、その賛同を大義名分に改革を進めようとしたのだが、期待は見事に裏切られた。カロンヌは失脚、名士会議の一員だったサンス大司教ロメニ・ドゥ・ブリエンヌの出番となるが、その改革も今度はパリ高等法院に反対された。高等法院とは、いわゆる法服貴族の牙城のことだ。

闘争は八八年に突入した。その過程で上がったのが、全国三部会を開催してはどうかという声だった。もう百七十年余も開かれていなかったが、そのものはフランスに中世からある代議機関である。聖職者を第一身分、貴族を第二身分、平民を第三身分として、三つの部会に分ける編成から全国三部会《エタ・ジェネロー》の名前がある（もっとも三部会は和訳の妙で、直訳すれば諸身分会議）。

この全国三部会が新たな展開を招く。それまでの王VS.特権身分という対立軸にはなかった、第三身分という新たな要素が加わったからだ。

当然ながら、平民が不満を抱いていないわけではなかった。税金を払わされそうになる特権身分が、嫌だ嫌だとごねるくらいなのだから、実際に税金を払わされている平民が、なにも感じていなかったはずがない。

復職したネッケルは全国三部会の開催を進めて、大衆の熱狂的な支持を得た。その肖像を眺めれば、さすが成功した実業家だけに下ぶくれの福相ではあるのだが、どこか軽薄そ

一七八九年五月五日、全国三部会

うな印象も覚えてしまう。機をみるに敏な経済人といわれれば納得するが、危機の時代に決然として立ち向かう、一国の指導者という風ではない。

いや、ネッケルに意地の悪い目を向けている場合ではない。他愛ないくらいに楽観がすぎたのは、むしろ特権身分のほうだった。革命が起これば、王政のみならず、貴族政まで廃止され、聖職者にしても壊滅的な打撃を受けることになるのだから、特権身分自ら三部会の召集を求めるなど、とんだヘマをやらかしたものなのだ。

とはいえ、それも愚行と決めつけてしまえば、結果論との誹《そし》りを免れない。革命が起こるなどと、まだ誰も考えていなかったからだ。いや、元来が革命などというものは、そうそう簡単には起こらないのだ。

一七八九年のフランス革命にしても、決定的だったのは前年の歴史的な凶作だった。夏に雹《ひょう》が降るという異常気象で、前代未聞の飢饉に見舞われ、いうなればギリギリのところまで追いつめられないと、人々は蜂起に踏み出したりしないのだ。

いざ蜂起に踏み出しても、大半が一揆《いっき》、騒擾《そうじょう》、暴動、反乱として、あっさり片づけられてしまう。それを革命に昇華させるためには、もう一段のしかけも不可欠である。

ネッケル　Jacques Necker　1732-1804

それは思想だ。そのときが来たら、すぐに行動の指針となってくれるような、いいかえれば不都合な社会の悪弊を容赦なく暴き出す批評性と、かわりにあるべき理想を提示できる創造性を兼ね備えた哲学がないならば、とてもじゃないが、革命などという大事業には進みようがないのだ。

一七八九年のフランスには、これもあった。いわゆる啓蒙主義の思想だ。

『ペルシャ人の手紙』で人気を博し、『法の精神』で不朽の政治理論を打ち立てながら、旧態依然たる世の迫害に命を縮めた、相貌からして神経質そうなモンテスキュー。『ルイ

モンテスキュー
Charles de Secondat de Montesquieu　1689-1755

ヴォルテール
François Marie Arouet Voltaire　1694-1778

ディドロ
Denis Diderot　1713-1784

十四世の世紀』『カンディード』の舌鋒《ぜっぽう》鋭い風刺で知られた、こちらはこけた頬に尖《とが》り鼻《ばな》の、いかにも曲者といった顔のヴォルテール。かかる第一世代に続くのが、ディドロ、ダランベールら百科全書派で、その『百科全書、あるいは科学、芸術、工芸の合理的辞典』全二十八巻は、最新の知的成果という明るい光をあてることで、因習と迷信に捕われた人々の無知蒙昧を啓《ひら》く営為、まさに啓蒙の集大成だった。

また文学の世界も看過ならない。『フィガロの結婚』で貴族の生活を皮肉たっぷりに描いた劇作家ボーマルシェは、優男のような顔をして、実はアメリカ独立戦争の協力者であ

ダランベール
Jean Le Rond d'Alembert　1717-1783

ボーマルシェ
Pierre Augustin Caron de Beaumarchais　1732-1799

ラクロ
Pierre Choderlos de Laclos　1741-1803

る。軍人出身だけに一面凜々しくありながら、同時に妙な色気も感じさせるラクロは、なるほど『危険な関係』で有名だったが、作家としての名声にも構うことなく、オルレアン公の徒党に加わり、さらにジャコバン党員となり、政治活動も精力的なものだった。その繊細な神経が剝き出しになったかの危うい顔のまま、『悪徳の栄え』『ジュスティーヌ　または美徳の不幸』などで性的倒錯の世界に沈潜したサド侯爵なども、古い道徳観からの人間の解放を訴えかけた、その意味では典型的な革命児だったのだ。

サド　Donatien Alphonse François de Sade
1740-1814

　かかる啓蒙主義思想家のなかでも最大の偶像が、いわずと知れたジャン・ジャック・ルソーである。

　男らしくも太い眉毛、まっすぐ縦に走る鼻梁《びりょう》、しっかりした顎の造りなどみると、噂通りの頑固が容貌にも出ている。瞳は強い光を放ち、さすがの才気を裏付けているようだが、

ルソー　Jean-Jacques Rousseau　1712-1778

それでいて肖像によっては、どこか虚ろにも、あるいは左右の目の焦点が微妙に合っていないようにもみえる。ともすると、こちらの心に不安さえ忍ばせる不可解な印象は、単なる頑固に留まらない、天才と狂気の表象と取るべきか。

スイスのフランス語圏ジュネーヴの生まれだが、またルソーもパリに暮らした一人である。アメリカ人（独立前なので正確にはイギリス人）のフランクリン、スイス人のネッケル、同じくルソーと外国人が並ぶが、当時からパリは外国人がいやすい街だったようだ。

一説によれば、カフェという往来自由の公共空間そのものが決定的だった。当たり前の話のようだが、当時の社会は地縁、血縁、ギルド、信心会等々で成立していて、これに属さない余所者《よそもの》は居場所がなかったのだ。その窮屈なありように風穴を空けたのが、誰でも入れるカフェであり、そのカフェが世界一多い街がパリだったわけだ。

話をルソーに戻せば、当時は音楽家であるとか、教育家であるとか、そんなような評価で、読まれた著作も『エミール』や『新エロイーズ』のほうだった。『社会契約論』が隠れた名著ともて囃《はや》されるようになったのは、実は晩年から死後にかけてのことである。

ところが、その読まれ方が尋常でなかった。後に革命家の「福音書」と称されたのも道理で、実際ミラボー、マラ、ロベスピエール、そしてスタール夫人やロラン夫人というような才媛にいたるまで、皆がルソーの信奉者だったのだ。

いや、後の革命家だけではなかった。自然にかえれの標語を素直に受け止めれば、牧歌的な田園生活への憧れになる。しかも憧れるのは普段は田園とは無縁な人々、つまりは王侯貴族なのである。

マリー・アントワネットの贅沢も、究めた風流はといえば、わざと田舎屋風に仕立てたプティ・トリアノン宮であり、そこで繰り広げられた日々の「農民ごっこ」である。

これがルソーの影響だった。ヴェルサイユにはルソーを信奉するまま、後の革命に開明派貴族として参加することになる面々も少なくなかった。だから、ベンジャミン・フランクリンは無視されなかったのだ。単なるイギリス憎しだけではない。大西洋の彼方からやってきた奇妙な男に、アメリカの独立、古いイギリスからの分離、つまりは封建的な国を切り離すことで、皆が自由で平等な市民の国を別に建設したいのだと叫ばれれば、その理想に即座に共鳴できるだけの素地が、フランスにはすでに培われていたのだ。

だから、アメリカ独立戦争を応援した。ために国家財政は破綻した。その再建を模索する流れで全国三部会が開かれれば、いよいよ自分たちの国の話なのだ。持ち前の革命精神が、沈黙を守り続けるはずもなかった。

2

国民議会の英雄たち

Les héros de
l'Assemblée nationale

一七八九年五月五日、全国三部会はヴェルサイユに開幕した。とはいえ、さあ、これから革命が始まるぞ、などとは誰も思っていない。色濃いのは、むしろお祭り気分のほうだ。各種開会セレモニーが、厳かにも賑やかに執り行われた。わけても五月四日の議員行進は圧巻だった。第一身分（聖職者）代表三百人、第二身分（貴族）代表三百人、第三身分（平民）代表六百人の議員たちが、北のノートルダム教会から南のサン・ルイ教会まで、ヴェルサイユ市内を縦断するパレードをなしたのだ。

貴族代表は帽子に派手な羽根飾りを揺らしていた。三部会は古風な国事であるからと、わざわざアンリ四世時代の風俗を真似たもので、つまりは時代劇の扮装である。反対に平民代表は、全員が地味な黒一色の法服だった。聖職者代表の場合は、貴族出身の高位聖職者が派手、平民出身の下級聖職者が地味と分かれ、つまりは全体としては圧巻であったほどに、身分の違いばかりが目につくような行進だった。

かたわら、個人として目立つ議員は少なかった。財務長官ネッケルの令嬢、高名な作家として知られるスタール夫人によれば、わけても「第三身分の六百人の議員は誰も固有の名前を持たず、例外はミラボーだけだった」。

話に出たミラボーは、プロヴァンス州エクス管区選出の第三身分代表議員だった。とはいえ、正しくはミラボー伯爵オノレ・ガブリエル・リケティといい、つまりは平民でなく、貴族の出身という変わり種である。仲間の貴族の目線でみれば、なるほど道を外れた不良の輩というところかもしれない。

そもそもが家庭内暴君だった父親に反発して、無軌道な生活に突入した放蕩息子である。親子喧嘩も泥沼の体で、父ミラボー侯爵は子ミラボー伯爵の廃嫡、禁治産と相次ぎ容赦ない処分を宣言し、あげくが王に働きかけて投獄することまでをした。若きミラボーは、デユマの『モンテ・クリスト伯』で有名なマルセイユ沖の孤島イフ島、ジュー要塞、ヴァンセンヌ城と三度の獄中生活を余儀なくされ、そうでなくとも、スイス、ドイツ、オランダと渡り歩く逃亡生活だった。ドルの会計院長夫人ソフィと駆け落ちしたときなど、その一族から命まで狙われる羽目になったのだから、まさに波乱の前半生である。

ようやくパリに定住して、作家活動など始めたが、これまた個人攻撃からポルノまで手がける無節操な売文家ぶりだった。ただ政治意識は高かったようだ。実は父ミラボー侯爵が一寸《ちょっと》は知られた重農主義者で、政治改革の著作も出していた。愛憎相半ばする心境で、それを子ミラボー伯爵も意識しないではいられなかったのだろう。

全国三部会の召集が宣言されるや、ミラボーは早速議員にならんと志した。数多《あまた》のスキャンダルが災いして、貴族代表で選ばれるのは容易でないとみるや、すぐさま平民代表に鞍替えして、まんまとトップ当選を果たしたのだから、御見事の一語である。あげくにヴェルサイユで行進に参加すれば、ひとりだけ目立ってしまうというのは、やはり波乱の前半生が風貌にも滲み出ていたからか。

一七四九年生まれなので、ミラボーは全国三部会の年で四十歳である。貴族なので鬘をかぶるが、それも常識外れの長さだったらしく、ゆえに「革命のライオン」の綽名《あだな》もある。いくらか目尻が下がりながら、瞳に尽きせぬ力を漲《みなぎ》らせる双眼。やや鍵なりの形ながら、しっかり縦に筋が通った鼻。おまけに分厚い唇に大きな口。顔立ちからして迫力満点なのであるが、それを一種の凄味にまで高めたのは、顔中に残る疱瘡の痕だった。はっきりいって、醜い。父侯爵に疎まれたのも、その醜さゆえだったとされるほどだ。こちらの肖像

ミラボー　Honoré Gabriel Riqueti, comte de Mirabeau　1749-1791

画をみると美男の優男風なので、醜いから我が子を嫌ったというのも、あるいは事実の逸話だったかもしれない。

見た目のインパクトなら半端な色男の比でなかったというのは、ミラボーは首から下も常人離れしていたからだ。縦にも横にも大きな巨漢で、まさに肉の塊といったところ。『三銃士』のポルトス然り、『レ・ミゼラブル』のジャン・ヴァルジャン然り、現代フランスの名優ジェラール・ドゥパルデュー然りで、かかる身体的特徴こそフランス人が痺《しび》れる男の、ひとつの典型なのだというから、やはり単なる醜男では片づけられない。

実際、ミラボーは女にモテた。のみならず、大衆における人気も凄まじかった。議会随一の雄弁家としても名を馳せ、おまけに政治力も抜群だった。革命を指導する立場になるのは、いわば自然の成り行きだった。

話を三部会に戻すと、開幕一番揉めたのが審議と投票の方法だった。聖職者部会、貴族部会、平民部会と別々に審議し、そのうえで各部会一票として投票する方法か。全体で審議して、個々の議員が一票ずつ投票する方法か。そのいずれを取るかで揉めたのだ。前者では第三身分の意見が通らない。上の二身分が合意すれば、二対一で敗れざるをえないからだ。反対に後者であれば、第三身分にも戦いようがある。その議員定数は六百人であり、第一身分代表三百人、第二身分代表三百人を、合わせて向こうに回すことができたのだ。

もちろん、上の特権二身分は断じて認めようとしない。業を煮やした第三身分は六月十七日、自分たちこそ国民の真の代表だからと、国民議会の設立を宣言する。議場から締め出された二十日には、球戯場に場所を求めて、憲法が制定されるまでは解散しないと宣誓した。二十三日の親臨会議で、ルイ十六世直々に解散を命じられたが、これにも応じようとしない。やはりの役者で、ミラボーが名台詞を吐いたからだ。

「我々は人民の意志によって、ここにいるのだ。銃剣の力によるのでないかぎり、ここから動くことはない」

啖呵《たんか》は啖呵として、第三身分の戦略は第一身分の引き抜きだった。聖職者には貴族も平民もいて、一枚岩ではなかろうという着眼で、実際に第一身分は国民議会の支持を決めた。均衡が破れるや、第二身分のなかからも一部が合流するようになる。かねて啓蒙主義思想に傾倒してきた、いわゆる開明派貴族である。

市民革命とはいえ、その最初期の担い手には貴族が少なくない。ミラボーからして貴族

最前列右側で両手を開いている黒装束の人物がミラボー

一七八九年六月二十日、球戯場の誓い。中央で宣誓しているのは議長バイイ。

オルレアン公　Louis Philippe Joseph, duc d'Orléans
1747-1793

なわけだが、第三身分代表に転出することまではしないながら、順当に第二身分代表として選ばれた議員となると、開明派貴族が多く含まれていた。いかにも王族という雅やかな顔の印象にもかかわらず、実は過激な自由主義で知られたオルレアン公はじめ、ラ・ロシュフコー・リアンクール公爵、エギヨン公爵、ラリ・トランダル侯爵、ノアイユ子爵と挙げることができるのだ。

なかんずくアイドル的存在だったのが、ラ・ファイエット侯爵だった。

ラ・ファイエット侯爵マリー・ジョゼフ・ポール・イヴ・ロシュ・ジルベール・デュ・モティエは、オーヴェルニュに伝わる大貴族の末裔だった。とはいえ、むしろ知られていたのは「両世界の英雄」の異名のほうだ。こちらの世界、すなわち旧大陸フランスのみな

ラ・ファイエット　Marie Joseph Paul Yves Roch Gilbert du Motier, marquis de La Fayette
1757-1834

らず、あちらの世界、すなわち新大陸アメリカでも英雄だという意味だ。

アメリカ独立戦争については前にも触れた。一七七六年に独立が宣言されると、二十歳の若者は血が騒いで仕方なかったのだろう。ラ・ファイエットは自腹で兵団を仕立てると、もう七七年には渡海した。志願の義勇兵として「ヴァージニア騎兵隊」を率いながら、アメリカの大地を転戦したのだ。

フランスが正式参戦を決めた後は、派遣されたロシャンボー将軍の指揮下に入り、大勝を収めた八一年のヨークタウンの戦いにも参加した。フランスに帰国すれば、アメリカ名誉市民として、あるいは初代大統領ワシントンの友人として、単に騒がれただけではなかった。ラ・ファイエットは一七八七年、財務総監のカロンヌが召集した名士会議に席を得ている。八九年、そのまま全国三部会の議員に立候補すれば、オーヴェルニュ州リオム管区選出の貴族代表として、ヴェルサイユに赴くことになるのは、しごく自然な流れだったといえる。

一七五七年生まれなので、このとき三十二歳。肖像画をみると、すらりとした長身に凛々しい軍服がよく似合う、なかなかの好男子である。

いくらか神経質そうな印象があるとはいえ、まずは美男の顔つきでもある。爽やかな風さえあるが、他面どこか胡散臭《うさんくさ》い。本物なのか、上辺だけの軽薄男ではないのかと、ついつい怪しんでしまう。つまるところラ・ファイエットは、アメリカ帰りの男なのだ。外国経験が一種の箔になる。アメリカ通であることが進歩的であることと同義だ。そうした雰囲気は、現代の日本人にも容易に想像できるものだが、そのままの気分で十八世紀フランスの人物を評価して、良いものやら悪いものやら。

出色の個性といえば、アメリカ帰り、アメリカ通の開明派貴族ばかりで、自分の国しか知らない第三身分代表は、まるで顔色なかったかといえば、無論そういうわけではない。三部会が紛糾した最初期の段階で、ル・シャプリエ、ランジュイネ、ラボー・サン・テティエンヌといった何人かの議員たちは、すでに活発な活動を示している。ブルターニュ州の出身者が中心になったことで、「ブルトン・クラブ」と呼ばれた一派の話だが、それも徒党を組まないでは始まらない、ささやかな実勢の裏返しだったかもしれない。バルナーヴやロベスピエールら、後の大物も含まれるので、将来性の問題は別としても、やはり最初期でみれば小粒な感は否めない。

ル・シャプリエ
Issac-René-Guy Le Chapelier　1754-1794

ランジュイネ
Jean-Denis Lanjuinais　1755-1827

ラボー・サン・テティエンヌ
Jean-Paul Rabaut Saint-Étienne　1743-1793

いや、まだパリ管区の議員たちがいる。実のところ、パリの選挙は遅れて、ヴェルサイユに議員を送り出せたのが、ようやく五月二十五日の話だった。いかにも温和な知性派という細長い顔をした天文学者バイイは、国民議会の初代議長となる。大きな目と鉤《かぎ》なりの鼻が、どことなく駱駝《らくだ》を思わせているが、これでギヨタンはパリ大学医学部の教授で知られる高名な医師であり、後には断頭台の採用を進めたことでも知られる（ギヨタンの英語読みがギロチン）。太いながらも尻下がりな眉が、その相貌を悲しげにみせているのは、酸素の燃焼実験で名高い科学者ラヴォワジェだ。オルレアン管区で選出されたが、ラヴォワジェもパリ出身である。つまりは、それなりの有名人もみつかるわけだが、今度は畑違いな感じがしないでもない。作家、タレント、大学教授等々と、他の分野で活躍してきた人材が、その知名度を生かして政治家に転向すると、かかる身近な例を持ち出して、再び良いやら悪いやら。

第三身分は政治的には、まだまだ成熟をみていなかったと、それくらいの批判は加えられそうである。当たり前の話だ。貴族や聖職者でないかぎり、誰も政治経験など持ちえなかったからだ。民主主義は、これから作られるものなのだ。だからこそ、その成熟のため

バイイ
Jean Sylvain Bailly 1736-1793

ギヨタン
Joseph Ignace Guillotin 1738-1814

ラヴォワジェ
Antoine Laurent de Lavoisier 1743-1794

シェイエス
Emmanuel Joseph Sieyès　1748-1836

に多大な貢献をなした人物が、きちんと名前を連ねているのは救いである。

遅れてきたパリ選出議員のなかでも、鳴り物入りという感じで登場したのが、エマヌエル・ジョゼフ・シェイエスという男だった。

一七四八年生まれなので、このときで四十一歳。細面の風貌は華やかな印象が薄いかわりに、より強く理知的な人柄を思わせる。さらに深読みするならば、どこか禁欲的な風もある。いざ口を開いても、ぺらぺら饒舌《じょうぜつ》に喋るほうではない。かわりに研ぎ澄まされた言葉を吐く、そんな感じだ。

地味といえば、やはり平民の生まれだが、シェイエスの身分をいえばシャルトル司教座の事務局長、つまりは聖職者だった。にもかかわらず、パリ管区から第三身分代表議員に選ばれたのは、シャルトル管区から第一身分代表議員になるのは無理と、あきらめざるをえなかったからだ。身分違いの議席はミラボーに次ぐ例外だが、やはりというか、スキャンダルが災いしていた。否むしろ、センセーションというべきか。

「第三身分とは何か。全てである。

政界において今日まで何者であったか。無である。

何を欲するか。相応のものになることである」

一七八九年一月、シェイエスが出した小冊子の一節は、もはやフランス革命の神話である。みる間に全土を席捲《せっけん》した言葉は、民衆に最初の自信を与えた託宣でもあった。我らこそ全てだと思うからこそ、国民議会を宣言できた。相応のものになるためと、勇気を奮い立たせて、特権身分の横暴にも逆らった。ああ、我らは無力ではないと、そうして膨らみ始めた自信が、どかんと大きく爆発するのが、この直後の話である。

3

憲法を論じる横顔

Les profils qui discutent la Constitution

夏になっても、ヴェルサイユの混乱は収まらない。

いや、混乱に終止符を打つためにも憲法を制定しようとか、その前にアメリカの独立宣言のような宣言を出そうとか、国民議会にも相応の議論はあったが、全て虚しいばかりだった。国王ルイ十六世が軍隊を動員したからだ。

警備の名の下に、議場は完全に包囲された。ヴェルサイユから不穏な様子が聞こえてくるや、騒いだのが庶民の都パリだったが、国民議会に同調すれば同罪だと、こちらにも軍隊が送られてくる。ブザンヴァル男爵が率いる五万の外国人傭兵部隊が、国境地帯から回されてきたのだ。

あげくに聞こえてきたのが、期待の星ネッケル更迭の報だった。もう許せないと、パリの堪忍袋の緒が切れる。七月十二日、パレ・ロワイヤルの回廊に軒を並べていたカフェにも、当節の政治に物申したい連中が集まっていた。カミーユ・デムーランも、そのひとりだった。

デムーラン　Camille Benoist Desmoulins　1760-1794

このとき二十九歳。残された肖像画は少し後、三十歳を超えて間もなくのものだと思われるが、いずれにしても印象は若々しい。ぎょろついた目玉、鉤なりの鼻、そして大きな口と、世辞にも上品な顔立ちとはいえないながら、癖の強い髪の毛を伸ばし放題にしているせいか、どこか線が細いような印象もある。恋人に「オンオン」とも綽名されて、いざ喋れば聞き苦しい吃音《きつおん》も出たらしい。自信なさげな風もあり、一七八九年七月十二日のデムーランは、未熟な第三身分を絵に描いたような人物だったといえようか。

実際のところ、デムーランは全国三部会の議員に立候補するも、あえなく落選に終わっていた。弁護士の資格はあるが、それは開店休業状態にして、普段は作家を名乗りながら、ああでもない、こうでもないと当今の政治を論評するばかりだった。今の日本に準《なぞら》えれば、自意識過剰なインテリ・ニートのようなものか。

それが事ここに至り、俄然行動に転じた。カフェの卓に上るや、衆目を集めるために短銃を空に一発、デムーランは皆に呼びかけたのだ。

「ネッケルが罷免された。この更迭劇は新たなサン・バルテルミの夜の前触れだ。今夜にもスイスやドイツの傭兵どもが我々を皆殺しにするために、パリに突入してくるに違いない。我々が助かる方法はひとつしかない。武器をとれ、武器をとれ、みんな緑の印をつけよう、それこそは希望の色だ」

サン・バルテルミの夜というのは、十六世紀、宗教争乱の最中にパリで行われた大虐殺のことである。緑というのは、ネッケル家の色だった。気が利いているのは、パレ・ロワイヤルの庭園には樹木が並んでいたからだ。葉を毟《むし》り髪に挿せば、たちまち緑の印になるというわけで、このとき木々は丸裸になったと伝えられる。

バスティーユ要塞襲撃

つまりはデムーランの呼びかけに多くが応えた。パレ・ロワイヤルを飛び出して、パリの巷に繰り出した。武器をとれ、武器をとれ。声を大きくするほどに、決起に加わる人数は膨れ上がる。動きは十二日、十三日と続き、十四日には王家の要塞兼監獄を占領して、総督を務めていたローネイまで惨殺する。一七八九年七月十四日、つまりは歴史に名高いバスティーユの陥落である。

民衆は勝利した。第三身分の自負と自信が爆発して、今こそ革命勃発である。

ヴェルサイユの議会も救われた。喜色満面の議員たちは、十五日にパリを表敬訪問した。このとき、ラ・ファイエット侯爵はパリで組織されていた民兵隊、国民衛兵隊と名づけられる組織の司令官になる。天文学者の高名で議員に選出され、国民議会初代議長となっていたバイイも、パリ市長に担がれる。やはり主役は開明派貴族だの、タレント議員だのなのかと、またぞろ嘆息してしまいそうだが、それは違うと今度は正さなければならない。

確かに政治の舞台は議会に戻った。議員たちは国政改革に乗り出すだろう。先がけて人権宣言も出すだろう。国民議会から憲法制定国民議会と名前も変えながら、議論を費やし、憲法も制定するだろう。が、パリの人々を筆頭に、もはやフランスの民衆は完全に覚醒したのだ。

バスティーユの勝者は議員どもではない、俺たちなのだと鼻息を荒くしながら、沈黙に甘んじるつもりはなくなっていた。それが証拠にデムーランからして、ほどなく『フランスとブラバンの革命』と題した新聞を発行する。

新聞の増殖が始まっていた。一七八八年にパリで十紙を数えるにすぎなかったものが、八九年のうちに二百紙を超える勢いで増えた。ジャーナリズムの時代の始まりは、これに鼓舞煽動された民衆が抗議の声を上げ、あるいはデモ集会を組織し、最後は武力に訴えることまでしながら、政治に物申す時代の始まりでもあった。

事実、パンが欲しいと騒いだパリの女たちは、十月五日から六日にかけてヴェルサイユ行進を敢行して、そのまま国王一家をパリに連れてきてしまう。ヴェルサイユに残された議会も、こうなっては仕方ないと、パリに移ってこざるをえなくなる。

名もなき人民が政治のペースを握るようになった。それは議会のなかでも同じだ。もはや我らの時代とばかりに、この頃から第三身分代表議員の活躍が突出し始める。

なかんずく、アントワーヌ・バルナーヴは出色の個性だった。法服貴族の名門アドリアン・デュポール、帯剣貴族の開明派アレクサンドル・ドゥ・ラメットらと組んで、議会における憲法論議の中心となったことから、しばしば三頭派で括られるバルナーヴだが、自身は全くの平民だった。

出身はドーフィネ州。バルナーヴは地元の州三部会の活動で、すでに名前を知られてい

バルナーヴ　Antoine Pierre Joseph Marie Barnave　1761-1793

た。盟友ムーニエと共闘しながら、第三身分は他の二身分の倍の定数を持つべし、議決は頭数投票で行われるべしと主張して、後の全国三部会で平民が発言権を得るための先例を作っていたのだ。

それがパリの動きに後押しされて、いよいよ全国レベルの活躍を示す。九〇年、九一年と繰り返された憲法論議においては、立法権と執行権のあるべき関係を論じ、国王大権の制限を訴え、あるいは新しい選挙法を提案しながら、議会屈指の雄弁家として名を轟《とどろ》かせるようになる。

デュポール
Adrien Jean François Duport　1759-1798

ラメット
Alexandre de Lameth　1760-1829

ムーニエ
Jean-Joseph Mounier　1758-1806

容貌に目を転じれば、バルナーヴは特筆するような美男ではない。どんぐり眼に先が丸い大きな団子鼻が印象的な、どちらかというと醜男の部類である。もちろん肖像画によっては美化されたものがあり、またバルナーヴをつかまえて、美男と形容する記述もないではない。醜男といいながら、ミラボーほど怪物じみているわけでなく、かろうじて世辞の使いようがあるという線だったのだろうが、そこが重要である。バルナーヴには美男で善玉でというような紋切り型の主役にも、はたまた醜男で悪玉でというような仇役にも収まらない、あたかも性格俳優の顔を眺めるがごとき、ある種の味があるのである。

まさに新時代の顔だというのは、三頭派を組んだデュポールにせよ、ラメットにせよ、貴族というのは一体に端正な顔立ちが多く、おしなべて取り澄ました二枚目の感があるからだ。譬《たと》えは不適当かもしれないが、これという品種を守らなければならないと、交配を吟味される血統書付の犬のようなもので、なべて整ってはいるのだが、個性のほうは自ずと薄い。その逆が第三身分というわけで、雑種といえば雑種、しかし余人とは明らかに異なっている。かかる魅力的な表情が、これからは多く登場する。

例えば、タルマだ。八九年十一月四日の初演から、大当たりを記録した芝居がシェニエの『シャルル九世』だが、その主役シャルル九世を演じたのが、時代の名優フランソワ・ジョゼフ・タルマである。共和政、帝政をすぎて、復古王政の時代まで生きて、若きアレクサンドル・デュマを励まし、作家の道に進ませたエピソードでも知られるが、このタルマにしても、さすがの美男でありながら、それでいて一味違う顔をしているのだ。

話を議会に戻すと、憲法論議のなかで揉めに揉めたのが、聖職者民事基本法だった。革命の最初期にあっては、貴族の陰に隠れる感があった聖職者が、遅ればせながら同じ特権身分としての資質を問われることになったのだ。

タルマ　François Joseph Talma　1763-1826

発端は財政改革の議論だった。全国三部会が開かれたのは、そもそも国家の赤字財政を再建するためであり、これに目《め》処《ど》をつけないでは憲法もなにもないじゃないかと、一七八九年十一月の議会で発

タレイラン　Charles Maurice de Talleyrand-Périgord　1754-1838

モーリ
Jean-Siffrein Maury　1746-1817

ボワジュラン　Jean-de-Dieu
Raymond de Cucé de Boisgelin　1732-1804

言したのが、シャルル・モーリス・ドゥ・タレイラン・ペリゴールという人物だった。カトリック教会が持っている農地等を国有化して、それを購入希望者に売却すれば、財政再建は十分に可能だと説いたわけだが、これをきっかけに話は教会全体の組織改革に及んでいく。自前の財産、自前の採算、自前の運営というような、一個の宗教団体としての営みを認めずに、これからの聖職者は国家に属する一種の公務員であるべきとしたのだ。法文としてまとめられたのが、聖職者民事基本法だったが、問題の性質が性質だけに、その審議が紛糾した。

聖職者一般の抵抗感を代弁したエクス・アン・プロヴァンス大司教ボワジュラン、最後は反革命まで表明する過激な原理主義者モーリ、あげくがカトリック教

ピウス六世
Pie VI　1717-1799

会は国際組織で、フランスの好きに変えられるものではないと唱えたローマ教皇ピウス六世まで巻きこんだ大論争になるが、その全員が非難の的としたのが、いいだしっぺのタレイランだった。裏切り者とも、背徳者とも罵倒したのは、タレイラン自身がオータン司教という、れっきとした高位聖職者だったからだ。が、そんなもの、タレイランは歯牙にもかけやしない。

なんとも豪胆な話だが、それならば、どんな顔をしているかと肖像を眺めてみれば、これが見事なまでの優男、精巧に作られた人形か、さもなくば酷薄な女ではないかと思うくらい、実に綺麗な顔をしている。動物に譬えるならスピッツ犬で、犬に譬えられるからには、高位聖職者といいながらも、やはり貴族の出身である。

それも、そんじょそこらの出来星ではない。タレイランはフランス屈指の家柄を誇る男だった。放蕩生活をともにしたミラボーの悪友にして、博打好きの不良貴族、多くの隠し

ドラクロワ　Ferdinand Victor Eugène Delacroix　1798-1863

子ある女たらしとしても知られ、つまりは、とんだ喰わせ者の顔も持っていた。

顔といえば、タレイランの相貌で唯一の個性になっているのが、先が僅かに上向いた鼻である。そっくり同じ形を受け継いでいるのが、有名な画家のドラクロワだ。これも隠し子のひとりだといわれている。

話を戻せば、僧服など捨てるなら捨てるで構わない、かわりに革命の服を着ればよいだけだというのが、タレイランの理屈だった。究極の自分本位は、飽きてしまえば革命の服も脱ぎ、かわりに皇帝ナポレオンの服を着たかと思えば、またぞろ復古王政の服に替えて、意気揚々とウィーン会議に乗りこんでいく。

大貴族は政治的には成熟、完熟、もはや腐敗の手前まで熟しきっていた。その手腕には容易に逆らえない。この時期のフランスには革命の荒波に曝《さら》されたというより、タレイランの気まぐれに翻弄《ほんろう》されたというべき面さえある。

当座も混乱が生じた。聖職者民事基本法は全ての聖職者に宣誓を求めたが、コンセンサスが得られないままの強引な強制だったので、応じた僧侶と応じない僧侶、つまりは宣誓派と宣誓拒否派という、二種類の聖職者が出現してしまった。下々の目には、どちらも変

カトリノー　Jacques Cathelineau　1759-1793

わりなく坊さんであり、そうであるからには、どちらの言葉にも耳を傾ける。革命は宣誓拒否僧という、反革命を唱える煽動要員を自ら作り出したようなものであり、事実しばらく後から深刻な内乱の危機に悩まされることになる。

最も激越な抵抗を示したのが西部のヴァンデ地方で、運動の指導者カトリノーの肖像画なども伝わっている。土の臭いがするような野性的な風貌で、なるほど元が行商人だった。宣誓拒否僧を支持したのは、同じような肉体労働者、わけても農民人口だったわけだ。換言すれば、信仰においては頑迷なくらいに保守的な人々だった。

4

王家の肖像

Les portraits de
la famille royale

革命は起きた。そのときフランス王は、いかなる態度を示したのか。ヴェルサイユからパリに移され、ルイ十六世は一度は弾圧しようとした運動と、すっかり和解を果たしていた。

暴君を処刑しなければ革命ではないなどと、あるいは誤解があるかもしれない。が、革命のなかの革命であるフランス革命をみても、最初から王政を廃し、共和政を打ち建てようとしたわけではない。それどころか、絶対王政を停止して立憲王政に移行すること以上の話は、ほとんど考えていなかった。

とはいえ、立場を変えてルイ十六世の心中を忖度《そんたく》すれば、それだけで屈辱的、もう許容の範囲を超えていたことになるか。廃位されずに王座に留まれたからと、それでよしとは納得できない。なにせ王権神授説、つまりは天上の神に支配権を与えられているとの説を唱えながら、地上においては何者の命令も聞かないできた王が、これからは憲法に従わなければならないというのだ。

ルイ十六世　Louis XVI　1754-1793

ルイ十六世

それでもルイ十六世は憲法の受け入れを明言した。革命と和解したという所以《ゆえん》だが、やはりというか、上辺だけの方便にすぎず、本音は我慢ならなかったようだ。それが証拠に一七九一年六月二十日、国王一家はパリ脱出を試みる。手のこんだことに変装までして、深夜テュイルリ宮殿を抜け出し、東部国境の都市モンメディを目指した逃避行は、惜しくも二十一日の深夜に捕捉されてしまう。無念の地名に因んで、「ヴァレンヌ事件」と呼ばれる顚末《てんまつ》だが、それにしても、である。

フランス王ルイ十六世といえば、一体に愚鈍なイメージが強い。肖像画を眺めても、善良そうだが、どこか間が抜けている。醜い肥満児に描かれることも多い。それがパリ脱出などと、ずいぶん果敢な真似をしたものだと驚かされてしまうのだ。あるいは騙されていたのかとも思いが進んでしまうのは、革命前の肖像画と革命後の肖像画、わけてもヴァレンヌ事件以後に書かれた肖像画では、まったく印象が異なっているからである。

国民を捨てたとして、ヴァレンヌ事件は王の権威を一気に失墜させた事件だった。それより年代が下がるほど、肖像画（70頁）にも少なからず悪意が籠められたのだろう。その愚鈍なイメージには、どうやら作られた部分も小さくないようだ。が、それならば、ルイ十六世の実像とは、どれくらいのものになるか。

ルイ十六世は国際結婚が常の王家の宿命で、母がドイツ人、祖母がポーランド人と、北方の血が濃い人物である。ラテン系の国フランスの王であるとはいえ色素が薄く、絶世の美男ではないにしろ、上品な顔立ちだった。身長百七十八センチと、当時のフランス人としては大柄な部類でもあった。若い頃はさておき、革命勃発の年で三十五歳、確かにもう痩せてはいなかったが、堂々たる恰幅《かっぷく》といえば恰幅なのであり、王冠など頭に載せて、ばりと礼装など決めると、結構な見栄えがしたらしい。

みかけ倒しというのでもなく、その中身を問うても、ルイ十六世は平均点を上回る王だった。真面目な性格で、機転より熟考の嫌いが強いとはいえ、博識で頭脳明晰だったと伝えられる。考え方は進歩的でさえあり、事実アメリカ独立戦争を応援したり、特権身分への課税を試みたり、あげくが全国三部会を召集したりと、かなり「革命的」な施政なのである。

ヴァレンヌ事件のときにパリに政治的覚書を残しているが、これによると、王は国民主権の考え方ばかりは受け入れられなかったようだ。政治の実権は王が持つ、これだけは譲

ヴァレンヌ事件

れないが、あとは最大限に人民のためを図るとしており、オーストリア、プロイセンに例をみるような啓蒙専制君主の線でなら、なかなかの名君になれたかもしれない。その面影が偲《しの》ばれるのが革命前に描かれた肖像画（69頁）で、名前を伏せて見せられれば、いつの世の名君かと思うほどだ。

もちろん、こちらはこちらで実際以上に美化されている。完全無欠の男というには程遠く、ルイ十六世にも弱点がないではなかったからだ。そのひとつを有体にいうならば、ずばり王妃マリー・アントワネットである。

この細君に振り回された面は、やはり否

フェルセン
Hans-Axel de Fersen　1755-1810

定できないだろう。ヴァレンヌ事件にしても、首謀者はマリー・アントワネットだったという説がある。テュイルリ宮に軟禁状態で、不躾《ぶしつけ》なパリ市民の好奇の目から逃れられない。こんな生活には堪えられないと、きんきん金切り声を張り上げながら、どんどん勝手に話を進めたのだとする解釈である。その証左と取り沙汰されるのが、パリ脱出の際に献身的な働きを示したフェルセン伯爵の存在で、これがかねて王妃の愛人ではないかと噂された男だった。

肖像画をみると、いくらか間が抜けた印象もないではない。それでも顔立ち自体には今どきの人気タレントを思わせるものがあり、やはり色男だったのかもしれない。愛人といっても、どういう愛人だったのか、それについても諸説あるが、ルイ十六世のほうは寵姫も置かずに愛妻一直線という亭主なのだから、ともに脱出というときの手引など普通はさ

マリー・アントワネット　Marie-Antoinette de Habsbourg-Lorraine　1755-1793

せないようなものだ。それをマリー・アントワネットは、頓着せずに頼んでしまう。あまり物事を深く考えない、姫様育ちにありがちな短絡的な性格だったようだ。

勝ち気、移り気、我儘《わがまま》、傲慢、ところが、そうした短所と背中合わせに、女としての得がたい魅力も共存させているから、この王妃は厄介なのだ。

実際マリー・アントワネットの肖像画を眺めれば、ある種の華があることを認めざるをえない。とろんとした目に受け口ぎみの顎という、いわゆるハプスブルク顔の形質は、それほど濃くはないながら、やはり看取される。絶世の美女では決してないのだが、それでも目を惹きつけるのだ。容貌としての華やかさというより、人格としての華やかさ、享楽的な陽気を好む人柄が自然と滲み出るのだろうが、革命勃発後の肖像となると、これまた夫のルイ十六世に遅れず一変してしまう。

女性だけに気の毒ながら、カリカチュアもポルノまがいのものが多い。しかしながら、きちんと肖像画として描かれたものには、悪意のそれは驚くほど少ない。肖像画などという手間のかかるものを、悪意で描いてもらえた王のほうが偉いというべきなのかもしれないが、いずれにせよ、マリー・アントワネットの肖像画は意外や、まともなままなのだ。

晩年のマリー・アントワネット

晩年の姿と伝えられる肖像画（77頁）があるが、これなどみると若い頃の華やかさが嘘のように消えている。同時に軽薄な風もなくなり、かわりに人間としての深みを感じさせる。革命勃発の年で三十四歳、その荒波に揉まれたとはいえ、未だ三十八歳でしかないにもかかわらずである。おかしな言い方になるが、マリー・アントワネットは革命という「不幸」にこそ、人格を磨かれたのかもしれない。

史実に目を戻すなら、ヴァレンヌ事件を境に歴史の流れとしては、王家の断罪、共和政の樹立という進路を取らざるをえなくなった。王家に寄せた敬慕の念が強いだけ、裏切られたと思う失意も大きく、その怒りに駆られて、人々は一気に突き進んでしまったわけだが、なおも微妙な話ではあった。ルイ十六世は有罪と決めても、そのまま処刑してしまうかどうかとなると、賛成三八七、反対三三四と議会は割れてしまったのだ。死刑も執行猶予付きと唱えた議員

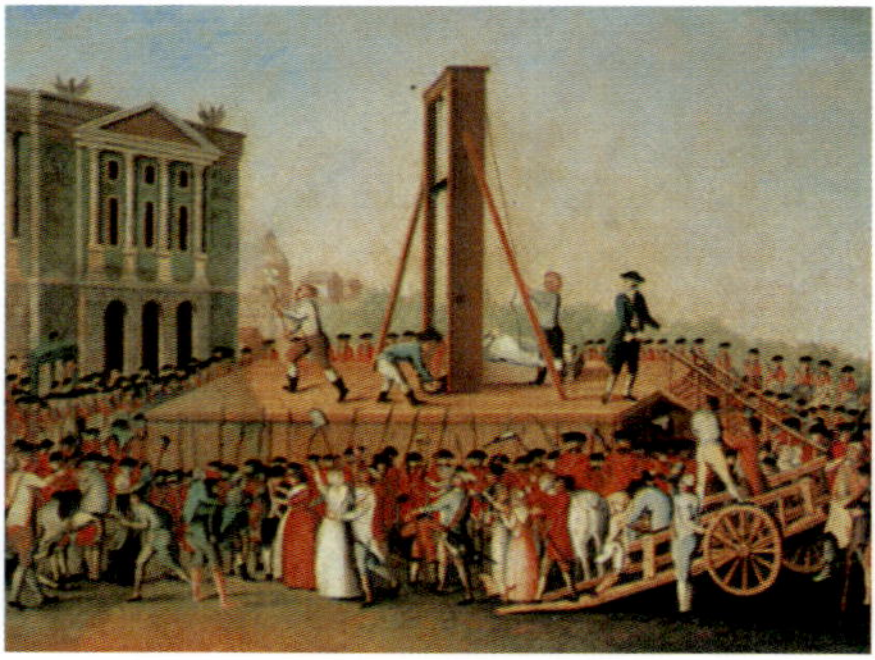
マリー・アントワネットの処刑

が二六人いたので、三六〇人は殺す気がなかったことになる。断固死刑と譲らないのは三六一人で、たった一票差という、本当に微妙な話なのである。

まあ、どれだけ惜しんでも、結果は結果だ。ルイ十六世は一七九三年一月二十一日に処刑された。王妃マリー・アントワネットも同年十月十六日に、断頭台の露と消えた。九四年には王妹エリザベートも続いた。ヴァレンヌ事件に関係した王族といえば、さらに王女と王子がいる。ルイ十六世の長女マリー・テレーズと、長男の死去で王太子となっていた次男ルイ・シャルルである。

マリー・テレーズ　Marie-Thérèse　1778-1851

王女マリー・テレーズは一七九五年、ロベスピエールらの失脚で恐怖政治が終わってから、ようやく幽閉を解かれた。十七歳になっていたが、ほどなくオーストリアとの捕虜交換

ルイ十七世
Louis XVII　1785-1795

要員に用いられ、母方の従兄弟フランツ二世が迎えるウィーンに向かうことになった。亡命していたのが父方の従兄弟アングーレーム公であり、この貴公子と結婚することになって、ようやく平穏にというか、マリー・テレーズは公妃の身分で暮らすことになった。

他方のルイ・シャルルこと、王太子ルイであるが、こちらは王位継承権者の男子ということで、革命政府の扱いも仮借なかった。早くから家族と引き離され、一時は革命精神を学べと、アントワーヌ・シモンという靴屋と一緒に暮らさせられたが、それも束の間の話で、再び幽閉の身に落とされた。姉王女と同じタンプル塔の別室だったが、マリー・テレーズとは違って、これが、ほとんど人間としては扱われなかったのだ。着替えもなく、風呂もなく、扉ひとつ、窓ひとつ開けられない密室に、ただ食事だけ差し入れられるという日々に、ルイは弱っていくしかなかった。やはり恐怖政治後に解放されようとしたが、そのときには、もう歩ける状態でなくなっていた。膝に大きな腫瘍ができていたからとか、十歳になるというのに七歳のときのズボンを履かせられたままで、腿が締めつけられた結果だとか、様々に説があるが、いずれにせよ回復は難しかった。すでに精神も病んでいたといわれ、一七九五年六月八日に死没している。ルイ十六世が処刑された後、しばらくルイ十七世と呼ばれた、まさに王国なき王の悲しい末路である。

同情ばかりは禁じえなかったということか、実はルイ十七世は生きていたというような話が、長くフランスでは絶えなかった。現在はDNA鑑定で、王太子ルイはやはり一七九五年六月八日に死没したと証明されているが、それにしても王家の人気の根強さよ。

プロヴァンス伯（ルイ十八世）
Louis-Stanislas Xavier, comte de Provence　1755-1824

実際のところ、フランス革命で成立した共和政が破綻し、ナポレオン帝政が起こり、それも破綻して終わったとき、求められたのは復古王政だった。

一八一四年、呼ばれて即位したルイ十八世というのは、ルイ十六世の弟で、革命当時はプロヴァンス伯と呼ばれた、ルイ・スタニスラス・グザヴィエ親王のことである。一七九一年六月二十日夜、ヴァレンヌ事件と同日に別ルートでパリ脱出を試みて、こちらはベルギー逃亡を成功させている。そのまま亡命生活に入り、母国の動乱が終わるや、王座を襲うというのだから、ちゃっかりした王弟もいたものである。

もうひとり、末の王弟にアルトワ伯シャルル・フィリップがいた。一八二四年、ルイ十八世が子無くして隠れたので、続いてフランス王シャルル十世となった親王である。革命当時は反革命の首領で知られ、それだけにバスティーユ陥落の直後から、もう国外に亡命していた。自らの即位かなえば、またとない反動の好機というわけで、憲法を無視したり、言論を弾圧したりとやったので、たちまち国民の反発を買ってしまう。一八三〇年七月にパリが蜂起、退位を余儀なくされたので、王太子となっていた息子のアングーレーム公、つまりはルイ十六世の王女マリー・テレーズの夫も再びの亡命を余儀なくされた。

アルトワ伯（シャルル十世）　Charles-Philippe, comte d'Artois
1757-1836

シャルトル公ルイ・フィリップ　Louis-Philippe, duc de Chartres
1773-1850

いわゆる七月革命の顚末だが、このとき新たに「フランス人民の王」として即位したのが、革命当時はシャルトル公と呼ばれた、オルレアン公ルイ・フィリップだった。

　前述のように先代のオルレアン公は、自由主義で知られた王族の異端児であり、貴族代表として全国三部会の議員にもなっている。その息子の即位は王家の人気と革命精神のハイブリッド、いわば良いところどりだったといえようか。

5

どこか呑気なジロンド派

Girondins légèrement insouciants

全国三部会、国民議会、憲法制定国民議会と名前ばかりは変えたものの、議会は基本的に一七八九年に召集されたものだった。

反動的な貴族や高位聖職者、あるいは革命の急展開についていけない穏健派など、国外に亡命したり、自ら議席を辞したりした輩を除けば、中身の議員は全て続投だったことになる。

ヴァレンヌ事件から間もない一七九一年九月三十日、その議会が憲法制定という当初の目標を達成して、いよいよ解散を決めた。並行して新しい議員の選挙も進められていたので、もう十月一日にはその名も新たに立法議会が召集されることになった。この立法議会で優勢を占めたのが、フイヤン派だった。

ここで政治クラブについていえば、ヴェルサイユで生まれたブルトン・クラブを前身として、パリで結社を改めた「憲法友の会」に最初に触れなければならない。ジャコバン僧院に集会場を置いたので、そう呼ばれるようになる例のジャコバン・クラブのことだが、それも当初は単なるフランス最大の政治クラブでしかなかった。

おかしな言い方になったかもしれないが、つまりは猫も杓子《しゃくし》もジャコバン・クラブという感じで、これといった強い主張を打ち出したわけではなかったのだ。一応は左派革新のクラブだが、それも政見の幅が広く、右派保守のクラブのほうが、よほど旗幟《きし》を鮮明にしていたくらいだ。

一七九一年七月十六日、そのジャコバン・クラブが分裂した。バルナーヴら三頭派に率いられた一派が分離独立を宣言しながら、ラ・ファイエットやタレイランら開明派貴族たちの一七八九年クラブと合同して、やや右寄りの路線を取ることになったのだ。集会場がフイヤン僧院だったので、以後はフイヤン・クラブと呼ばれるが、これが立法議会に多くの議員を送りこみ、フイヤン派として大きな発言権を有したのである。

理想を曲げた卑劣な裏切り者と罵《ののし》り、このフイヤン派と角を突き合わせたのが、残されたほうのジャコバン・クラブだった。報復の一番手に名乗り出たのは、ジェローム・ペティオンである。バイイ辞職に伴うパリ市長選挙に出馬して、十一月十六日の投票日には対立候補のラ・ファイエットを大差で破り、首都の執政の担い手となったからだ。

ペティオンは革命勃発の年で三十三歳、シャルトル管区から第三身分代表議員として、全国三部会に送り出された人物だった。弁護士時代に民法と裁判行政に関する小論文を発表して、すでに地元ではちょっと知られた存在になっていた。封印状の廃止、封建的諸権利の有償撤廃、教会十分の一税の廃止と聖職者の国家給養等々と、後の革命で実現される諸改革を先取りする内容だったというから、その切れ者ぶりが窺《うかが》える。

革命が始まるや、革新の主張でたちまち頭角を現しながら、フイヤン・クラブの設立にも動じなかった。ロベスピエールの盟友として、ジャコバン・クラブに残留したあげくが、先の報復となったのである。

このペティオン、どれだけ美化した肖像画でも、ぎょろりと大きな目に見事な鷲鼻《わしばな》は同じなので、ラテン系の国々で出会いがちな、ハヤブサとかチョウゲンボウとか猛禽《もうきん》の類を思わせる面相だったと思われる。ところが、肉食の鳥類らしい強さ、鋭さ、猛々《たけだけ》しさ、ひいては悲壮感のようなものとなると、不思議なくらいに感じられず、かわりに良くも悪くも力の抜けた、ある種の明るさが滲み出る。

事実、ペティオンの施政には楽観主義的なところがあった。例えば一七九二年六月二十

ペティオン
Jérôme Pétion　1756-1794

日、王に拒否権発動を取り下げさせようとして、民衆がテュイルリ宮に押しかける事件が起きたが、パリの治安を守る立場にあるにもかかわらず、これを放任してしまう。かかる態度を問題視して、フイヤン派が騒ぐと、七月六日にあっさり停職を容れてしまう。が、大衆の間では逆にペティオン人気が高まったのだ。ほどなく議会が市長復帰を要請するしかなくなるのだから、不用意なくらいの楽観主義が見事運命を制したというべきか。

ときに立法議会だが、それまでの憲法制定国民議会の議員は、議員になれないとされた。ラ・ファイエットも、ペティオンも議員の職を失い、だからパリ市長に立候補したわけだが、いうまでもなく議会の支持は欠かせない。ラ・ファイエットを推したのがフイヤン派の議員たちだったとすれば、ペティオンを応援したのがジャコバン・クラブの議員たち、わけてもジャック・ピエール・ブリソだった。

革命勃発の年に三十五歳だったブリソは、シャルトル生まれで、ペティオンとは同郷ということになる。アメリカに渡航するなど様々な経験を積んだうえで、パリで作家業を始めた。革命が起きて後は『フランスの愛国者』という新聞を発刊して、気鋭のジャーナリストで鳴らすようになった。その評判に乗じながら、立法議会の召集に際してはパリ管区

ブリソ
Jacques Pierre Brissot, dit Brissot de Warville　1754-1793

から立候補を試みて、見事に当選を決めたのだ。

その肖像をみれば、まずは馬面といえるくらいの細長い顔が特徴的である。すっと鼻梁も縦に通るが、一方で間が抜けた印象がないのは、くりくりした目が力強く、いかにも論客という感じだからだろう。今の時代に譬えるならば、ニュース番組のコメンテーターにいそうなタイプか。あるいはブリソも政治の現場で悪戦苦闘するというより、外野から評論するほうが本分だったかもしれない。

ブリソは議会の外交委員会に属した。その立場から強硬に進めたのが対外戦争だった。八月二十七日、オーストリア皇帝とプロイセン王の連名で、ピルニッツ宣言が出されていた。「フランス問題」については諸国で協調したうえで、武力介入も辞さないと公言したわけだが、これをフランス人は許されざる挑戦と受けとった。かかる激怒の空気に乗じて、ブリソは好戦的な主張を唱えたのだ。

革命を守らなければならない、いや、諸外国にも民主主義の思想を広めなければならない、つまりは「自由のための十字軍」とならなければならないと、その言葉遣いには確かに高揚感もあった。とはいえ、現実に戦争を始めることを考えると、どこかしら浮世離れした風もないではない。やはりというか、呑気な楽天主義が感じられてならない。

主戦論には、もちろん反対の声が上がった。議員の職は失いながら、なおフイヤン・クラブで大きな発言力を持つバルナーヴが、その急先鋒だった。が、時流はブリソに味方する。一七九二年四月二十日、フランスはオーストリアに宣戦布告した。最初の五カ月は敗戦に次ぐ敗戦で、やはり無謀にすぎたかと思いきや、それも九月二十日、デュムーリエ将軍がヴァルミィの戦いに勝利するや、徐々に攻勢に転じていった。

勝因は兵隊の士気の高さにあった。ブリソの楽観主義、その無邪気なくらいの明るさが、フランス国民に行動の勇気を与えたという側面は、確かに小さくなかったのだ。

とはいえ、反戦論はジャコバン・クラブからも飛び出していた。反ブリソの論陣を張ったのがロベスピエールで、後のジャコバン派の領袖なわけだが、とすると、ペティオンやブリソはどうなるのか。

ジャコバン・クラブの一員ではありながら、こちらはブリソ派とか、ジロンド派とか呼ばれていた。シャルトル派としなかったのは、ヴェルニオ、ジャンソネ、グアデ、デュコ、さらにボワイエ・フォンフレードと、仲間にジロンド県の出身者が多かったからだ。その

ヴェルニオ
Pierre VicturnienVergniaud　1753-1793

ジャンソネ
Armand Gensonné　1758-1793

グアデ
Marguerite Élie Guadet　1758-1794

デュコ
Pierre Roger Ducos　1747-1816
ボワイエ・フォンフレード
Jean Baptiste Boyer-Fonfrède　1765-1793

首邑ボルドーからの上京が大半だったが、ボルドーといえば富裕な港町である。それぞれ一応の個性はありながら、いかにも育ちが良さそうな、資産家の御曹司といったような雰囲気は、全員に共通するものである。

さておき、これにバルバルー、イスナール、ブュゾと各地の出身者を加えながら、ジロンド派はそれ単体で議会に一大勢力をなした。これらを除いた残りのクラブ会員に、コルドリエ・クラブの面々を加えた議会勢力が、いうところのジャコバン派、あるいは紛らわ

バルバルー
Charles Jean Marie Barbaroux　1767-1794

イスナール
Henri Maximin Isnard　1758-1825

しい言葉を避けて区別すれば、モンターニュ派ということになる。

その指導者ロベスピエールにしても、やはり議席をなくしているので、ジャコバン・クラブこそ自分の牙城と目していた。ジロンド派を向こうに回して、パリ市長だから、現職の議員だからと譲る素ぶりもなかったが、こちらのジロンド派にしても、それで困るわけではなかった。集まるのはクラブより、むしろサロンのほうだったからだ。そのサロンを主宰するホステスとして、人脈の中心となっていたのが「ジロンド派の女王」こと、ジャンヌ・マリー・フリッポン、またはマノン・フリッポン・ロラン夫人だった。

革命が起きた年に三十五歳、パリ生まれのマノンは一種の才媛で、ごくごく若い頃からルソーに傾倒し、ブリソなどとも交流があった。とはいえ、他面では普通の主婦の域を出ず、工業監察官の夫がリヨンに赴任すると、首都で激動している革命の様子も、その地方都市で聞くに留めていた。我慢しきれず、とうとうパリに戻ってきたのが一七九一年二月で、早速ゲネゴー通りのブリタニク館にサロンを開き、そこに議員、ジャーナリスト、市民活動家と、熱心に招き始めた。ペティオン、ブリソ、さらにジロンド県の面々と、後にジロンド派をなす人々はそこで出会い、互いに誼《よしみ》を通じるようになったのだ。

ロラン夫人
Jeanne-Marie Phlipon Roland　1754-1793

ロラン
Jean-Marie Roland de la Platière　1734-1793

　このロラン夫人だが、どの肖像画を眺めても、触れ込みから期待してしまうような、絶世の美女ではない。年齢も若いとはいえないし、フランスでは女性に年齢はないのだと叱られてみたところで、ずんぐりと小太りの容貌は、やはり家庭生活で油断してしまった、普通の主婦としか思われない。とはいえ、いくつか証言あるところ、実際のロラン夫人は実年齢より若くみえたようだ。なんといっても話し方が魅力的で、太陽のような明るさで周囲を魅了し、その目を眩《くら》ませてしまうタイプだったのだろう。

　話を政治劇に戻せば、ジロンド派は徐々にフイヤン派を圧して、議会の主導権を握るようになる。ロラン夫人の後押しで、夫のロランが内務大臣となるのを皮切りに、外務にデュムーリエ、財務にクラヴィエールと王の閣僚にも人間を送りこみ、国政の執行権まで掌握する。ところが、八月蜂起、立法議会の散会と国民公会の召集、共和政の樹立と続いた九二年の流れにおいて、その行く手に今度はジャコバン派が立ちはだかった。

ときにロラン夫人はサロンの常連になってほしいと、ロベスピエールにも熱心に声をかけたようである。ところが、この革命家だけは容易に靡《なび》かなかった。反対に靡く気まんまんでありながら、あえなく嫌われてしまったのが、コルドリエ・クラブのダントンだった。おまえたち、元は同じクラブの仲間だろうと、ジロンド派とジャコバン派の和解を斡旋しようとしたのが、このダントンだったというから皮肉だ。ジロンド派ときたら、それも邪険に断ったというのだから、そろそろ呑気な楽観主義も運の尽きだ。

デュムーリエ
Charles-François Du Périer Dumouriez　1739-1823

議会の主導権は九二年の秋頃から、議員に復帰したロベスピエール、新しく議員になったサン・ジュストら、ジャコバン派に奪われていく。明るい楽観主義に隠れたシビアな覚悟のなさが、とうとう身の破滅につながったということか。わけても国王裁判の過程で、熱烈な共和主義者ではあるが、国王の死刑には反対というような中途半端な態度に終始してしまい、ジロンド派は急速に世論を敵に回すことになる。

それでも、了見が改まるわけではない。とんちんかんの典型が、前線に出ていたデュムーリエ将軍だ。ルイ十六世が処刑された直後の九三年三月、オーストリアと内通して交戦状態を停止したうえで、その北部方面軍をパリに進ませ、「ルイ十七世」の王政を敷き、自らがその摂政となる、つまりは武力クー・デタを起こすと、密かに計画を立てたのだ。兵団がいうことを聞かず、四月には亡命するしかなくなって、つまるところ見通しの甘さにも程がある。

パリのほうでも、ジロンドは六月の政変で、ついに権力の座を追われた。ペティオンは自殺、ブリソとロラン夫人は刑死と、それぞれ無残な最期も余儀なくされている。

「自由よ、汝の名の下にいかに多くの罪がなされることか」

刑場に送られるとき、ロラン夫人が吐いたとされる台詞である。まさに歴史に残る名台詞であるが、他面それほど切実な感じはない。あまりに出来すぎていて、なんだか他人事のようだ。最後まで、どこか呑気なジロンド派だった。

6

喧しきコルドリエ街

Le district des Cordeliers bruyant

ジャコバン派がジロンド派を追い落とした。そういって確かに間違いではないが、追撃の起点となった一七九二年、八月蜂起、国民公会の召集、共和政の樹立と続いた怒濤の展開のなかで目立つのは、ジャコバン派といってもジャコバン・クラブの面々より、むしろコルドリエ・クラブの面々のほうだった。

なかんずく決定的な役割を果たしたのが、ジョルジュ・ジャック・ダントンである。王政が廃止された一種の権力の空白期間に、臨時政府の法務大臣に就任して、それを事実上指導した人物がダントンで、九月に成立した国民公会にもパリ選出議員として議席を占め、その卓抜した政治力で早くもジロンド派を圧している。

革命勃発の年で、ちょうど三十歳。ダントンはシャンパーニュ州アルシの出身だが、一七八九年までにはパリ上京を果たし、そこで弁護士になっていた。セーヌ右岸もポン・ヌフの袂《たもと》、一等地でカフェを営んでいた男の娘と結婚できたことで、実質ほとんどヒモだったとの説もあるが、革命の渦中にあって、みるみる頭角を現していったのは、疑いもなく

ダントン　Georges Jacques Danton　1759-1794

本人の力である。

高圧的なパリ市当局と反目しながら、大学街カルチェ・ラタンの西隣、コルドリエ街を根城に住民自治を唱えたのが始まりだった。そもそもダントンは街区活動、市民運動、住民集会というような、草の根の動きの組織化に長けた人物だった。

ジャコバン・クラブより会費が安く、庶民や労働者まで取りこめたコルドリエ・クラブの設立（九〇年四月）も、シャン・ドゥ・マルスで決行した九一年七月の署名運動も、テアトル・フランセ街（旧コルドリエ街）の住民を率いて参加した九二年八月の蜂起も、そうした政治スタンスの延長線上で理解されるべきものである。

そう前置きしてから、いざダントンの肖像画を眺めると、これが醜男そのものだ。首はないかにみえるくらい太く、ぼってり大きな顔が載っているかと思うや、その中央で胡坐《あぐら》をかいているような潰れた鼻には、子供の頃に牡牛に踏まれたなどという、冗談のような逸話までついている。あながち冗談で片づけられないのは、一緒についたという傷跡が上唇にも縦に裂けたような形で走るからだ。醜男ながら愛嬌がある玉でもなく、逆に凄味まで利いていたことになるが、これでダントンは非常な人気者だった。大衆に支持されたし、

ブリュヌ
Guillaume Marie-Anne Brune
1763-1815

ファーブル・デグランティーヌ
Philippe François Nazaire Fabre
d'Églantine　1750-1794

女にもモテた。「下品なミラボー」とも呼ばれたように、かの革命初期の指導者とも一部キャラクターが被るが、そのこと自体がすでに謎解きになっている。ダントンもまたフランス人に好まれる男の、ひとつの典型だったのだ。

話をコルドリエ・クラブに戻せば、その仲間にはシャンパーニュ同郷の友人で、後の内務大臣パレ、ほどなくしてヴァントーズ（風月）とかブリュメール（霧月）とか、共和暦に使われる月名を考案することになる劇作家出身のファーブル・デグランティーヌ、後のテルミドール派フレロン、後に将軍となり、ナポレオンの下で帝国元帥に上るブリュヌと錚々《そうそう》たる名前が挙がる。が、なかんずくダントンの盟友として知られるのがカミーユ・デムーランである。一七八九年七月十二日、パレ・ロワイヤルのカフェで演説を行い、民衆を蜂起に駆りたてた、あのカミーユ・デムーランのことだ。

この新時代の革命家が、それからの流れで新聞の発行に取り組んだことは前に触れた。デムーラン然り、ファーブル・デグランティーヌ然り、フレロン然り、ブリュヌ然り、ジロンド派のブリソなども然りで、コルドリエ街は多くの新聞業者を集める界隈でもあった。なかでも出色の個性が、エベールである。革命勃発の年で三十二歳。ジャック・ルネ・エベールはノルマンディ州アランソンに、名士の子として生まれた。きちんと教育も授けられたが、そこで問題児とされたため、早々にパリに出てきたのだ。

工場の使い走りから始めて、貴族お抱え劇団で劇作家をするまでになったところで起きたのが、一七八九年の革命だった。法曹出身のダントンやデムーランに比べると、やや異色の印象が否めないが、それだけに庶民派のなかの庶民派である。インテリが理想に燃えるのでなく、自身が根からの庶民ということで、エベールの書くものは滅茶苦茶で、ある意味でタガが外れたところがあるだけ、抜群に面白かった。九〇年九月に発刊した『デュシェーヌ親爺』がそれで、デュシェーヌというパリの庶民に人格を与えたような語り部を

エベール
Jacques René Hébert　1757-1794

設けながら、まさに歯に衣を着せない、ときに下品でさえある舌鋒は、大衆を大喜びさせたのだ。

このエベールだが、肖像を眺めると、意外なくらいに普通である。過激な口舌を得意にしているどころか、知的なようにも、柔和なようにも、洗練されているようにもみえる。が、もうひとつ言葉を足すなら、老けている。額の髪の生え際も大きく後退しているし、目尻の皺なども三十代とは思えないほど深く刻まれている。伝えられる以上の苦労人だったのかもしれず、とすれば激越なくらいの言葉遣いも、つらく厳しい人生に対する報復として、あるいは決して癒されることのない怒りの表現として、俄《にわ》かに理解できるような気がしてくる。

事実、エベールは満たされても、変わらなかった。九一年三月にコルドリエ・クラブに入り、九二年六月にはその代表を務め、ダントンらと行動をともにするまま、共和政の幕開けにあっては、パリ市政庁の「第二助役」などという公職まで与えられている。九三年一月にはジャコバン・クラブにも籍を置くが、その政治スタンスはといえば、終始一貫サン・キュロットの代弁者であり続けたのだ。

天衣無縫で新聞稼業、しかも変わり種といえば、もうひとり、マラを挙げないわけにはいかない。革命勃発の年に四十六歳、ジャン・ポール・マラは革命家のなかでは年長の部類に入るが、それだけに前半生が面白い。

もともとの本業が医者だった。それも一七六五年から十年以上も滞在したイギリスで、医学博士の号を授けられている。が、このイギリス時代から、もうマルチな才能を開花させていたのだ。同じ理系であるからには、発明家という別の顔は頷けるものだとして、文系というべき政治、哲学の分野にも造詣が深く、関連の論考など発表して、すでに作家業を始めている。とはいえ、まだ書くほうは本職でなかったとみえて、七七年に帰国すると、その六月に王弟アルトワ伯付護衛隊の軍医の職にありついている。その虎の子の軍医のポストを八四年、あえなく解雇されてしまったのだ。

解雇の理由は定かでない。が、無聊《ぶりょう》をかこつことになり、もしや自棄になった部分もあったかもしれない。いつの間にかコルドリエ街の住民となっていたマラは、革命が勃発するや、その七月から小冊子の発刊に手を出している。ほどない九月十二日に記念すべき第一号の発刊をみた新聞が、かの有名な『人民の友』なのである。

マラ　Jean-Paul Marat　1743-1793

最初が財務長官ネッケル、さらにラ・ファイエット、ミラボーと、大物ばかり槍玉に挙げながら、辛辣な言葉遣いで扱《こ》きおろす紙面は、大衆に大受けすると同時に当局には睨まれた。逮捕されかかっては、逃れて地下に潜伏したり、はたまた古巣のイギリスに落ちのびたり。ほとぼりが冷めるやパリに戻り、今度はフイヤン派のデュポール、ラメット、バルナーヴ、あるいはジロンド派のブリソと、またぞろ権力者ばかりを取り上げ、さんざ扱きおろしてやる。そういうことを繰り返して、マラは一種の名物男になっていったのである。

このマラの相貌には、一種独特な風がある。ぎょろりとした目に鉤なりの鼻、尖り気味の口元が嘴《くちばし》を連想させるところなども、どこか鳥に、それも駝鳥《だちょう》に酷似している。取り澄ました北方系というより、明らかに南方系である。スイス国境ヌーシャテルの出身ながら、さらに遡《さかのぼ》れば地中海に浮かぶサルディニア島からの移民だったというから、なるほど納得の素性である。

肖像画にもよるのだが、肌の色も心なしか黒ずんで感じられる。やはり南方系だからというより、そこにはマラが苦しみ続けた皮膚病の痕をみるべきかもしれない。今でいうア

シャルロット・コルデー
Marie Anne Charlotte Corday d'Armont　1768-1793

トピー性皮膚炎だったともいわれ、一流の毒舌、恐れを知らない権力者攻撃には、痒《かゆ》くて痒くて仕方がない苛立ちを紛らわせるために、自ずと激越の度を増したという一面も、ないではなかったのかもしれない。

九三年六月二日、ジロンド派の追放が決まったときには、マラ自身が国民公会の議員になっていた。とすると、権力の側になって、命運が尽きたというべきか。

ジロンド派が逃げたのがノルマンディの地方都市カンだったが、その面々に訴えられ、ジャコバン派の悪を、とりわけマラの卑劣を鵜呑《うの》みにしてしまったのが、シャルロット・コルデーというその土地の美少女だった。一七九三年七月十三日、そのシャルロットがパリに上京し、コルドリエ街のマラの自宅を訪ねた。面会かなうや、いきなり短刀を胸に突き刺し、これに大の男が抗う術もなかったというのは、入浴中だったからである。全身の

ダヴィッド画『マラの死』

痒みを和らげるための、それが革命家の習慣だった。

余談ながら、有名な『マラの死』を描いたのが、ダヴィッドである。『ナポレオンの戴冠』にいたる、数々の歴史的な場面、まさに興奮の決定的瞬間を活写する作風で知られた画家は、なるほど自ら巨大な事件のうねりのなかに身を置いていた。ジャコバン・クラブの会員で、最後は国民公会の議員にまでなる変わり種だが、それもこれも癖毛が暴れ放題というような野趣あふれる風貌で無数の現場を駆け回り、いくらか左右の焦点がずれた瞳で全てを目撃しようと努めたあげくの、芸術家的必然だったのかもしれない。

すでに腐臭を放つマラの死体も、作品が仕上がるまではと、ダヴィッドは決して片づけさせなかったと伝えられる。

マラにすれば、返す返すも無念の死というところか。とはいえ、この暗殺の犠牲者を悲運とばかりは決めつけられない。生き残りが幸せだったわけではないからである。

サン・キュロットの代弁者エベールは、その新聞『デュシェーヌ親爺』とともども絶大な人気を誇り続けた。そのままの勢いで今や独裁を遂げつつあるジャコバン派、つまりはジャコバン・クラブのほうのジャコバン派、あるいはモンターニュ派まで攻撃した。あげく

デムーランとその家族

エロー・ドゥ・セシェル
Marie Jean Hérault de Séchelles
1759-1794

コンドルセ
Jean Antoine Nicolas Caritat, marquis de Condorcet　1743-1794

ロベスピエールらに睨まれ、九四年三月、陰謀を画策しているとの嫌疑で逮捕、行きすぎた左派として処刑されてしまったのだ。

そのロベスピエールらが権力の基盤としたのが、国民公会の一委員会という名目で九三年四月六日に発足しながら、事実上の政府に等しかった公安委員会である。その前身である国防全体委員会の頃から、委員のひとりとして、やはり権力の座を占めたのがダントンだった。が、汚職の噂が絶えず、盟友マラにまで公安委員会ならぬ「公損委員会」と紙面で責められ、同七月十日には委員を辞めざるをえなくなった。直後にマラの暗殺があったわけだが、やはり思うところがあったのか、そのままダントンは一度は政界を退いた。六月に十六歳の娘と再婚するや、十月には議員まで辞職、新婚旅行とばかりに故郷アルシに下がるのだが、十一月には再びパリに戻ってくる。このあたり、ダントンの行動には謎も多い。

いずれにせよ、最後は公安委員会のサン・ジュストに告発されて、九四年四月に処刑されてしまった。オルレアン公やミラボー、さらにジロンド派などとも内通していた、金に卑しい右派であるとして、やはり断頭台に送られてしまったのだ。

このとき盟友デムーランも、一緒に処刑されている。その助命を運動した妻リュシル・デムーランまでも、数日後には同じ断頭台の露と消えた。

おまえは左、おまえは右と粛清されて、コルドリエ街の喧《かまびす》しい連中はいなくなった。最後の百科全書派で知られる、文化人のコンドルセも自殺に追いこまれた。開明派貴族の生き残りで、当時絶世の美男といわれたエロー・ドゥ・セシェルなど、党派色の薄い面々まで処刑された。となれば、あとに訪れるのは恐ろしいばかりの静寂である。ジャコバン派の独裁、いうところの恐怖政治の時代にあっては、怖くて怖くて誰も声を上げられない。

7

厳めし顔の
ジャコバン派

Jacobins du visage difficile

いよいよフランス革命は一党独裁、かの有名な恐怖政治の段階に突入する。政治権力を一手に掌握したのがジャコバン派、もしくは一党で階段状の議席の上のほうを占めたことから、モンターニュ（山岳）派と呼ばれた人々である。

ジャコバン派は公安委員会を根城に、フランス全土に睨みを利かせた。かたわら、パリにあっては一七九三年三月に革命裁判所を設立、冷酷と恐れられた検事、尻上がりの太眉とギョロついた双眼が印象的なフーキエ・タンヴィルをフル稼働させて、反革命分子を次から次と断罪していく。ほんの二年間、しかも首都だけの話であるにもかかわらず、およそ四千人を投獄し、その七割にあたる二千七百人の命を断頭台に散らしたというから、まさに恐怖政治である。

その最高指導者として、ロベスピエールの名前は教科書にも出てくる。どれほど冷酷な顔をしていたのかと、さっそく肖像画を眺めてみると、これが意外なほど可愛らしい。丸顔に丸い鼻、くりくりした目の相貌は、ほとんど童顔といってよい。白い鬘を頭に、ネクタイも乱れなく、几帳面に身なりを整えられるほど、いよいよ何処の坊やなのかと尋ねたくなる。いや、確かに小男だが、これで大人なのだと正されたところで、やはり人好きのする好青年にしかみえない。峻厳《しゅんげん》苛烈《かれつ》で知られた恐怖政治の指導者などには、とてもみえない。

もちろん、肖像画である。どこまで実物を写しているかは定かでない。ロベスピエールは近眼で、読み物、書き物をするときには眼鏡をかけていたともいわれるが、そうした表情となると、また印象が違ってくるのかもしれない。実際、ささっと描かれたデッサンなどには、かなり険しい表情をしたものもある。それでも童顔の小男という容貌は変わらないのだ。もともと厳《いか》めしい顔だったというより、表情が険しくなるまま、厳めし顔で固定してしまったというのが、あるいは実相に近いのかもしれない。

フーキエ・タンヴィル
Antoine Quentin Fouquier-Tinville　1746-1795

ロベスピエール　Maximilien François Isidore Robespierre　1758-1794

革命勃発の年に三十一歳、マクシミリヤン・フランソワ・イシドール・ロベスピエールがフランス革命を代表する人物だというのは、ひとつには数多いる革命家のなかでも、その活動が最も長期にわたるひとりだからである。

ほとんど無名の、その他大勢にすぎないながら、すでに一七八九年五月にはピカルディ州アラス管区選出の第三身分代表として、全国三部会に議席を占めていた。左派の立場から、選挙権の制限やブルジョワ優遇の政治を批判、貧しき庶民の味方として徐々に頭角を現し、またジャコバン・クラブにおいても、フイヤン派の独立、ジロンド派の事実上の分離という経過のなかで、中心人物に成長する。一七九二年九月、かねて主張してきた普通選挙において、国民公会の議員に選ばれるや、国王裁判の施行、共和国憲法の制定と、議会の議論を牽引していく立場になり、九三年七月にとうとう就任を果したのが、公安委員という権力の座だったのである。

いってみれば、全て思い通りになった。にもかかわらず、持ち前の童顔が印象を一変させて、みるみる厳めし顔になったとするなら、そこにフランス革命という事件の重さが表れているとみなければならない。

なるほど、ロベスピエールは普通の人生を許されなかった。政治の腐敗を嫌悪し、ストイックな政治姿勢で知られた「清廉の人」は、肉体的にも汚れを知らない童貞だったとの説がある。

肖像画に感じられる一種の可愛らしさ、裏腹に恐怖政治に発揮された攻撃性、それら相反する人格を同時に説明するキーワードこそ、童貞という成人男性としては珍しい状態だったのかもしれない。とはいえ、それも革命が起こらなければ、理想家肌ではありながら、どこにでもいる田舎弁護士として、結婚くらいはできたに違いないのだ。死ぬまで、あるいは殺されるまで、純真な中学生のようでいなければならないならば、それ自体が常軌を逸した苦行なのだ。

ある意味で相通じる境遇にあったのが、公安委員会の同輩クートンである。同じくジャコバン・クラブの会員で、同じく国民公会の議員で、同じく公安委員会の委員で、下宿までロベスピエールと同じであれば、全て右へならえで生涯不犯というわけではなかったろうが、やはり私生活には恵まれなかった。病気で下半身不随になっていたからだ。

いつも手回し式の車椅子で移動しながら、またクートンも激越な言動で知られていた。

クートン　Georges Auguste Couthon　1755-1794

一七九一年十月、開会したばかりの立法議会でフイヤン派を激しく攻撃、いっぺんで有名になったほどだ。その直前に「シャン・ドゥ・マルスの虐殺」を行い、反対陣営の弾圧に手を染めた徒党を向こうに回したのだから、ほとんど命知らずといえる蛮勇だが、車椅子の闘士には殺したければ殺せ、命など惜しいわけではないと、そういわんばかりの開き直りと、その覚悟がもたらす迫力が、自ずと備わっていたのかもしれない。

とすると、どれだけ厳めしい顔かと思いきや、またも肖像画は裏切る。顔は顎のしっかりしたホームベース型、いくらか眠たそうな目に、やや大きめの鼻、もしかすると受け口なのか、顎が前に出ているだけに唇の歪みは奥ゆかしげで、全体としては落ち着いた知性派、静かなる田舎の教養人といった風貌なのである。

革命勃発の年で三十四歳、ジョルジュ・オーギュスト・クートンも前歴は弁護士だった。生まれ故郷のオーヴェルニュ州で行政改革に参加したり、あるいは政治クラブを主宰して、その論壇で名を上げたりしていたものの、政治の表舞台に出てくるのは三十六歳、一七九一年の選挙で議員に選ばれてからである。どちらかといえば晩成型であり、そうした経歴を一瞥《いちべつ》するほど、田舎の教養人といった容貌は頷けるものとなる。と同時に、もし下半身不随にならず、仕事に恵まれ、家庭に恵まれていたならば、こちらの場合は果たして革命になど参加していたろうかと、クートンにしても疑問を覚えさせるのである。

いっそう不可解なのが、サン・ジュストだ。やはり国民公会の議員であり、やはり公安委員会の一員であり、恐怖政治の中心人物として、ロベスピエールと並んで有名であるだけに、すでに幾許《いくばく》かの先入観があるかもしれない。

あるいは小説や劇画の影響なのかもしれないが、サン・ジュストといえば絶世の美男と相場が決まる。実際に肖像画をみても、なかなかの美青年である。

細面の相貌に、少女漫画よろしく瞳に星くらい瞬いていそうな大きな目、すっと形よく伸びて、しかも相当な高さのある鼻梁に、どちらかといえば薄い唇、耳たぶにイヤリングなど揺らして、実際にサン・ジュストは女性に間違われることがあったらしい。

その繊細な美貌からは、文学青年的な印象を受けないでもない。実際にサン・ジュストは、革命前に『オルガン』という淫《みだ》らな内容の詩集を出している。やはり自己陶酔的な輩かと思いきや、その方面の大家マルキ・ドゥ・サド然りで、それ自体が伝統社会に対する異議申し立て、反逆の表現手段だったのだ。

サン・ジュスト　Louis Antoine de Saint-Just　1767-1794

事実、サン・ジュストは『オルガン』のために当局に逮捕されかけている。それ以前に不良少年だった時代があり、パリに出て大暴れしていたところ、家族に手を回されて、本当に投獄された経歴も持っている。恋愛沙汰で醜聞を起こしたこともあり、人物の中身はといえば、意外やマッチョな方向に振られたものだったのだ。

なるほど、サン・ジュストの父親は軍人だった。平民の出ながら、異例の出世で騎兵隊の中隊長という位に上り、サン・ルイ勲章も受けた。ちょっとした地元の英雄であり、この父親から後に革命家となる息子は、果断な発言、大胆な行動、厳格な規律等々の志向を受け継いだようなのだ。

例えば、サン・ジュストの名前を一躍高めた演説がある。ルイ十六世を裁判にかけるか、あるいは容赦してしまうか、激しく議論を戦わせていた国民公会の雰囲気を、一気に断罪の方向にもっていった、一七九二年十一月十三日の演説である。

「王は裁かれなければならない。統治するうえで犯した罪ゆえでなく、かつて王だったという事実そのものの罪ゆえに。なんとなれば、かような権力の横領を正当化できる理屈などないからだ」

まさしく果断。かかるサン・ジュストに比べるほど、熱烈な共和派だけれど、国王は助けたいなどというジロンド派は、もはや優柔不断にしかみえなくなる。

サン・ジュストは行動力も抜群だった。フランス革命戦争では議会の全権代表として前線に赴き、自ら軍隊を動かして、ライン方面軍にはランダウの戦い（九三年十二月）で、北部方面軍にはフリューリュスの戦い（九四年六月）で、それぞれ勝利をもたらしたほどである。

戦争すら統制しきった持ち前の規律意識は、ダントンの汚職告発など政界でも遺憾なく発揮されている。ジャコバン派の独裁達成、恐怖政治の施行という流れにあっては、一般に指導者とされるロベスピエールの色というより、むしろサン・ジュストの色というべき局面が、実は随所に見出せるのだ。

まさに逸材である。器量の大きさではロベスピエールを優に凌《しの》ぐ、あのナポレオンにも匹敵すると、そうまで評する声も贔屓《ひいき》の引き倒しでは片づけられない。少なくとも未完の大器とはいえそうなのであり、してみると、恨みは若すぎたことになるか。

ルイ・アントワーヌ・ドゥ・サン・ジュストは革命勃発の年で二十二歳、ピカルディ州のブレランクールという田舎町で無自覚に暮らす若者にすぎなかった。同郷のロベスピエールに憧れて、ほどなく政治に興味を抱くが、なかなか機会が与えられない。ようやくという感じで、一七九二年九月に国民公会の議員に当選するが、それでも未だ二十五歳という若さなのである。

以後はロベスピエールに取りたてられて、述べたような大活躍を示すのだが、国家の舵取り役を担うには、いいかえれば人生が捻《ね》じ曲《ま》げられるほどのストレスに耐えるには、まだ若いといわなければならない。同時代のイギリスの宰相ピットのように、生まれながらの大貴族として、子供の頃から未来の大臣と意識づけられ、懇《ねんご》ろに帝王学を授けられて育つのなら別であるが、そうではなくて、気ままな青春時代を普通にすごした若者には、やはり荷が勝ちすぎるのだ。これだけの大器がロベスピエールを導き手と仰ぎ、依存を強くしていったというのも、そのあたりの重圧ゆえだったかもしれない。

さておき、恐怖政治も終幕を迎えざるをえない。一七九四年七月二十七日、フーシェ、タリアンら、派遣議員として地方で働いた不正を告発されまいかと恐れた面々が密かに図り、遂に起こしたクー・デタが「テルミドール九日の反動」である。公安委員会の同僚、

DECLARATION DES DROITS
de l'Homme et du Citoyen.

テルミドール九日の反動。逮捕されるロベスピエール

コロー・デルボワ、ビヨー・ヴァレンヌ、バレール、カルノらにまで裏切られ、ロベスピエールの一派は全員が逮捕された。翌日にはもう処刑の運びとなり、恐怖政治の締めくくりとして、自らが断頭台の露と消えたとき、ロベスピエールは三十六歳、クートンは三十九歳、サン・ジュストにいたっては、まだ二十七歳の若さだった。

コロー・デルボワ
Jean-Marie Collot d'Herbois　1749-1796

ビヨー・ヴァレンヌ
Jean Nicolas Billaud-Varenne　1756-1819

バレール
Bertrand Barère　1755-1841

8

戸惑い顔のテルミドール派

Thermidoriens du visage embarrassant

一七九四年七月、恐怖政治は終わった。厳めし顔の連中はすっかり始末してしまったし、十一月にはジャコバン・クラブも閉鎖した。が、それで、どうする。革命は、どうなる。一七九五年八月には「共和国三年の憲法」が制定され、立法権は元老院と五百人会でなる二院制の議会に、執行権は五人の総裁に与えられることになった。いうところの「総裁政府」の時代の始まりである。

政権を掌握したのはテルミドール派、つまりは「テルミドール九日の反動」を起こして、ロベスピエール一派を追い落とした直接の首謀者たちで、かえって腹の汚さを思わせる澄まし顔のフーシェ、円《つぶ》らな目と長い鼻が根のおひとよしを物語っているかのようなタリアン、いかにも技師出身という堅物顔のカルノと並ぶ。コロー・デルボワ、ビヨー・ヴァレンヌ、バレールの三者となると、やはりジャコバン派であるとして逮捕、流刑に処されるのだが、それを横目に、なかんずく権力をほしいままにしたのがバラスだった。

革命勃発の年に三十四歳、ポール・フランソワ・ジャン・ニコラ・ドゥ・バラス・クリユマンク子爵は、プロヴァンス州に伝わる名門貴族の出身だった。伯父にあたるモーリスなど海軍提督という要職を占め、バラス自身も軍人としてその人生をスタートさせている。が、つらい海外勤務などもあり、あっさり嫌気が差したようだ。

一七八六年には自ら退役してしまい、パリで怪しげな生活を送るようになった。つまりは自由主義の思想など唱え出して、どれだけの自覚があったか定かでないながら、八九年七月十四日にはバスティーユ襲撃にも参加した。いったん故郷のプロヴァンスに戻るが、九一年には再びパリに上京して、ジャコバン・クラブに籍を置く。九二年の八月蜂起に加

フーシェ
Joseph Fouché　1759-1820

タリアン
Jean-Lambert Tallien　1767-1820

カルノ
Lazare Nicolas Marguerite Carnot　1753-1823

バラス
Paul François Jean Nicolas, vicomte de Barras　1755-1829

わり、直後に向かったプロヴァンスで立候補して、ようやく手に入れたのが、国民公会における議員の椅子だったのだ。

九三年三月には派遣議員として、同僚フレロンと一緒にイタリア国境のアルプス方面軍へ派遣されている。各地への一年以上の出張を終えてパリに戻るや、ほどない九四年七月に起きたのが「テルミドール九日の反動」だった。とはいえ、バラスが積極的に動いたわけではない。クー・デタ計画に加担したのは、フレロンのほうだった。ただロベスピエール一派が籠城を決めたパリ市庁舎に攻め入ろうという話になり、指揮を取れる軍隊経験者が必要だとなったとき、その大役をバラスは盟友の推薦で任されることになった。

政変の首謀者一派ではあったわけで、ほどなく国民公会の全体保全委員会に席を占め、また九五年二月四日から十九日までは議長も務めている。九月一日付で防衛委員会の席まで占め、九月十二日には軍人としても旅団長（中将）の位に進み、そのうえで国内軍総司令官を任じられている。さらに師団長（大将）となり、刷新なった議会でも五百人会の議員となった。のみか総裁の一人となり、その座を四年も守りながら、遂には「共和国の王」とも呼ばれるようになった人物が、このバラスなのである。

社交界でも幅を利かせ、数多の愛人も抱えた。まさしく我が世の春であり、さぞやニヤけているだろうと思いきや、バラスの肖像画の印象は意外に暗い。貴族らしく端正な顔立ちながら、口元は常に緩みなく引き締められ、なにより不安を宿したような目つきが、表情の暗さを決定づけている。なにか戸惑うような、どこか煮え切らないような、あるいは誰かに怯《おび》えるような、そんな曇りがちな相貌ばかりが残されているのである。

迷いがないのは、かえって虐げられていたほうだった。ロベスピエール路線の継承、それに留まらない、さらなる深化など目指せば、もう弾圧してくれといっているようなものだが、承知のうえで行き場をなくしたジャコバン・クラブの残党を集め、あまつさえ国家転覆の陰謀まで進めたのが、グラッキュス・バブーフとして知られる男である。

革命勃発の年に二十九歳、フランソワ・ノエル・バブーフは北部ピカルディで、最下級の収税吏の息子として生まれた。貧しさゆえに十二歳から運河工事で働いたが、幸いにも読み書きができ、しかも字が綺麗だった。おかげで公証人の助手の仕事にありつき、サンテール県のロワに居を構え、結婚もしている。

平穏そのものという人生だが、そこで政治に興味を持つようになった。唱えた主張とい

バブーフ
François-Noël Babeuf, dit Gracchus Babeuf　1760-1797

うのが、税負担の平等、社会による貧民救済、公教育の実現、なかんずく土地の平等分配だった。公証人の助手として、土地の権利関係に詳しくなるにつれ、バブーフはそれが一部の人間に独占される不条理に気がついたらしいのだ。

とはいえ、封建制が廃止されても、土地を手にできるのは金持ちだけで、なお全員が幸せになるわけではない。人間は誰もが平等であるというなら、土地も皆に平等に分配されるべきだが、これまた現実的には困難を極める。ならば集団所有にしてしまえと、そうまで論を発展させたバブーフは、後世、共産主義の祖とも讃えられている。

これが、なかなかの面構えを示す。大きく見開かれた瞳に、高く張り出した鼻梁、頑丈そうな顎を噛みしめることで口元を凛々しくみせながら、みるからに決然として、いかにも革命家らしいのだ。

過激な著作活動を強行しては当局に睨まれ、逮捕されては牢獄で確信犯の仲間を増やし、釈放されては活動を再開するバブーフは、『護民官』という新聞を発刊し、また古代ローマの有名な護民官グラックス兄弟に倣って改名した一七九五年から、急速に支持者を増やし始める。パンテオン・クラブという結社に集めた人数は、実に千人にも達したというか

ヴァンデミエール十三日の蜂起

ら驚きである。あげくに真の革命を起こす、武装蜂起もやむなしと、クー・デタまで計画するのだが、これは当局にばれて、あっさり関係者全員の逮捕となる。九六年五月十日の話で、九七年五月には処刑も行われた。要するにバブーフは後世への影響を別とすれば、それだけの男である。ところが、同じようにに迷わない目をした輩は、次から次と現れたのだ。

バブーフほどの主張はなくとも、今にしてジャコバン派の時代に戻りたいとする、庶民の蜂起は絶えなかった。かたわらでは、王党派も息を吹き返していた。当局がバブーフの輩の活動を一定程度黙認したというのも、そうした左の勢力を右の勢力と拮抗させて、互いに抑えさせる頭があったからである。

事実、王党派の勢いも恐るべきものだった。話は前後するが、一七九五年十月五日にパリで発生した「ヴァンデミエール十三日の蜂起」は、参加者二万人とも、三万人とも伝えられる、わけても大規模なものだった。鎮圧を命じられたのがバラスだったが、国内軍総司令官と肩書だけ与えられても術がない。副司令官の肩書で呼び寄せたのが、ナポレオーネ・ブオナパルテという二十六歳の砲兵将校、イタリア風の名前を持ち、なるほど地中海に浮かぶコルス（コルシカ）島の出身という、変わり種の軍人だった。

バラスがこのブオナパルテに注目したのは、九三年九月から十二月まで続いたトゥーロン戦争だった。地中海沿岸のトゥーロンはフランス屈指の軍港都市だが、これが政府に反旗を翻していた。是が非でも取り戻さなければならなかったわけだが、その奪還作戦で出色の活躍を示し、バラスに目を留めさせたのがナポレオーネ・ブオナパルテ、つまりは後にフランス風に改名した、ナポレオン・ボナパルトだったのだ。

この若かりしナポレオンというのが、実に良い顔をしている。後には肥えてしまう皇帝も、まだ痩せていて、頬の肉が削ぎ落とされたような相貌は精悍《せいかん》そのもの、無用に昂《たかぶ》ることなく、常に冷静沈着そうな気配まで湛《たた》えながら、まさしく鋭利な刃物である。

ナポレオン　Napoléon Bonaparte　1769-1821

あるいは貪欲に結果を求めるアスリートにも譬えられるかもしれない。コルス島の住民というのは、土台がイタリア系だ。同じラテン系なのだから、フランス人も、イタリア人も、それほど変わりあるまいとは思いながら、ナポレオンの顔立ちというのは、やはりイタリア的なように思える。元イタリア代表のサッカー選手で、ローマでは中田英寿のチーム・メイトでもあったトッティなど、その取り澄ました表情がナポレオンそっくりだった。

さておき、若きナポレオンにも迷いはなかった。軍人として命令に服しているだけなのだから、土台が迷うわけがないのだが、それにしても仮借なかった。「ヴァンデミエール十三日の蜂起」に動員されるや、サン・ロック教会前に市街戦の場所を選び、そこに蜂起の王党派を誘導しては、あっさり大砲を向けたからである。しかも「葡萄弾《ぶどうだん》」と呼ばれる一種の散弾を用いながら、その効率的な殺傷力で速やかに暴動を鎮めてしまった。

それは六年前の一七八九年七月、やはりパリに軍隊を動員していたルイ十六世が、その使用だけは頑なに認めなかったという兵器である。暴徒であっても、同胞フランス人に変わりはないという理屈だが、この感覚が抜け落ちていたとすれば、この時点ではナポレオン・ボナパルトも、まだナポレオーネ・ブオナパルテだったのかもしれない。

さておき、「ヴァンデミエール十三日の蜂起」を鎮圧したことで、バラスは「共和国の救世主」として、先に述べたような出世街道を歩み始めた。その子飼いという形で、ナポレオンの台頭も始まる。飽きた愛人まで押しつけられるが、その女を「ジョゼフィーヌ」と愛称で呼びながら、喜んで妻に迎えることまでして、こちらはひたすらの忠勤なのである。かいあって、ナポレオンは九六年三月にはイタリア方面軍の総司令官に抜擢された。そこで戦勝の山を築きながら、実力とカリスマ性を磨いていく。鋭利な刃物を思わせる、ぎらぎらした野心家の相貌は、いよいよ覇気あふれんばかりになるのである。

かたわら、バラスはといえば相変わらずで、それからも左右の突き上げを恐れなければならなかった。窮地に追いこまれては、ひとつ覚えに武力の発動に訴えて、なんとか、かんとか、天下を保たせているという、まるで綱渡りのような日々である。

土台がテルミドール派というのは、恐怖政治が嫌だというより、自分が告発される前にロベスピエールを倒してやれと、その一心で動いた党派にすぎなかった。タリアンなど、クー・デタに加担したのは後にタリアン夫人となる恋人、魅惑的な美女で知られたテレジア・ドゥ・カバリュスが反革命の嫌疑で獄中に捕われていたから、つまりは情婦の命を助

ジョゼフィーヌ
Marie-Josèphe Rose Tascher de la Pagerie, dit Joséphine　1763-1814

タリアン夫人
Thérésia de Cabarrus Tallien　1773-1835

けたい一心だったといわれるほどなのだ。

保身の本能が強く働いているだけで、これという思想信条、あるいは政見があるではない。不安げな戸惑い顔が、これで晴れるわけがない。肖像画の明暗は見事なまでに分かれていく。それをシェイエスとか、タレイランとか、革命の古狸といったような連中が見逃してしまうわけがない。

面々に担がれながら、ナポレオンは一七九九年十一月に「ブリュメール十八日のクー・デタ」を起こす。中身はジロンド派のデュムーリエ将軍が、かつて試み、失敗したような企て、つまりは戦勝に乗じた軍人の暴挙に変わらないながら、今度は見事に成功した。権力を掌握するや、周知のようにナポレオンは、そのまま統領になり、終身統領になり、皇帝になる。革命は擬似王政ともいうべき帝政に落ち着くことで、ようやく終焉《しゅうえん》を迎えたのである。なんとも皮肉な歴史だが、それも革命終盤に立ち現れる肖像画を見比べるなら、仕方ない話だったのかなとも思えてくる。あるいはナポレオンこそは、革命の申し子なのだというべきか。

一の間。両院議員たちの前で、三人の臨時統領（ボナパルト、シェイエス、

ブリュメール十八日のクー・デタの翌日深夜、サン・クルーのオランジュリ
デュコ）が宣誓した。ナポレオン体制が出発する瞬間

おわりに

顔、顔、顔、まさに顔ばかりが並んだ。

個々にコメントを付しながら、かたまりごと色づけも試みてきたわけだが、さて、それらを全体として捉え、なんらかの解釈を加えることとなると、はたして可能か否か。

まずは振りかえっておこう。「前夜の肖像」として登場したのは、いわば「虚構」の顔だった。外国人も多い。御国は大変ですねと事情は察しても、所詮は虚ろな他人事だ。それがフランス人であったときも、政治家とか、資本家とか、地主とか、社会の中心に座している実業の輩でなく、作家、思想家、芸術家と観念を生業《なりわい》とする顔ばかりだった。とはいえ、これらに感化された人間が社会の中心、体制の内部からさえ生まれてくる。「国民議会の英雄たち」となる、ミラボー、ラ・ファイエットらの開明派貴族である。

貴族社会の、いわば「異端」だ。平民からもタレント議員が出てくるが、これまた「異端」の部類なのだ。ここで終われば、結局はお偉いさんだ、上でなにかやってるなあと、あるいは事件は革命とさえ呼ばれなかったかもしれない。が、少しずつ蓄えた自信を元手に、新時代の顔も浮上せずにはおかなかった。シェイエスや、「憲法を論じる横顔」のデムーラン、バルナーヴらであるが、その表情は複雑だ。あるいは「逡巡」に捕われていたのかもしれないと思うのは、否定されるべき古いものも、まだ立派だったからである。

その王の肖像が醜悪に歪んだとき、いいかえれば既存の権威が「失墜」したとき、ようやく迷いがふっきれる。前面に現れたのは、ジロンド派の明るい表情だった。その品のよい「楽観」は希望に満ち満ちて、人間という存在には汚い部分などなく、理想ばかりででさているといわんばかりだ。ところが、現実は絵空事ではない。こちとら下品で結構、正直に行こうじゃないかと、「喧しきコルドリエ街」が垣間みせたのは、「本音」の顔だったかもしれない。が、本音だけでは人間は堕落してしまう。そう唱えんばかりに「厳めし顔」のジャコバン派」は、生真面目ながらも攻撃的で、今度は人間存在そのものを「悲観」するかの相を示す。これは息苦しい。恐怖政治は耐えられない。クー・デタを起こすには起こしてみたものの、「戸惑い顔のテルミドール派」はといえば、今度は全体なにをしたものかわからない。「狼狽《ろうばい》」の相しか浮かべられないところに現れたのが、野心家ナポレオンの鋭い相貌だったのである。

——虚構、異端、逡巡、失墜、楽観、本音、悲観、狼狽。

いれかわり、たちかわりに現れた顔、顔、顔。それは顔というより、むしろ表情というべきものなのかもしれない。あたかも一個の意思ある存在であるかに、フランス革命という事件に人格を与えてみたとき、虚構、異端、逡巡、失墜、楽観、本音、悲観、狼狽と移り変わる諸相は、そのときどきに垣間みせた表情として捉えられないかというのだ。

虚構の世界に憧れるうち、その人は異端のふてぶてしさをまとう。が、その不敵な力で世界を動かしたとき、おまえこそ今や本道なのだといわれて、しばしの逡巡を覚えてしまう。そんな弱気も己に巣食う古い価値が失墜するや、なんだ、馬鹿馬鹿しいやと一掃されて、いよいよ未来を楽観できるようになるのだ。ところが、そのうち自分のなかの矛盾に気づかされる。人間は明るい理想だけでは生きられない。本音だけでは生きている資格がない。自問を深くするうちに、その人はいつしか暗い悲観の虜になる。いや、こんな風に自分を追い詰めるものじゃないと、ハッと我に返るのだが、そうしてみても道はみえず、ただ狼狽することしかできない。もう誰かなんとかしてくれと、全て投げ出す自棄に駆られるばかりになる。

元来がフランス革命は、わかりにくい歴史である。教科書の紋切り型の解釈に飽きたらず、その歴史の諸相に入りこんでいくうちに、すっきり言葉にできないもどかしさを強いられるからである。アメリカ独立革命は無論のこと、イギリスの清教徒革命、名誉革命と比べたときでさえ、展開を追い続けたあげくのカタルシスがない。何故あのような進路をとったのか。何故あのような結末を迎えざるをえなかったのか。最後まで答えが出ず、未解決で、未完であり続けるからこそ、フランス革命は人々の興味の的であり続けるのだろうが、それとして、である。

ときどきの表情を拾い上げてゆくならば、少なくともフランス革命の心理――そのときのフランスの集団心理といいかえられるかもしれない――としては、わからないではない気がしてきた。言葉なら様々に飾り立てられるけれど、顔ばかりは嘘をつけないということか。

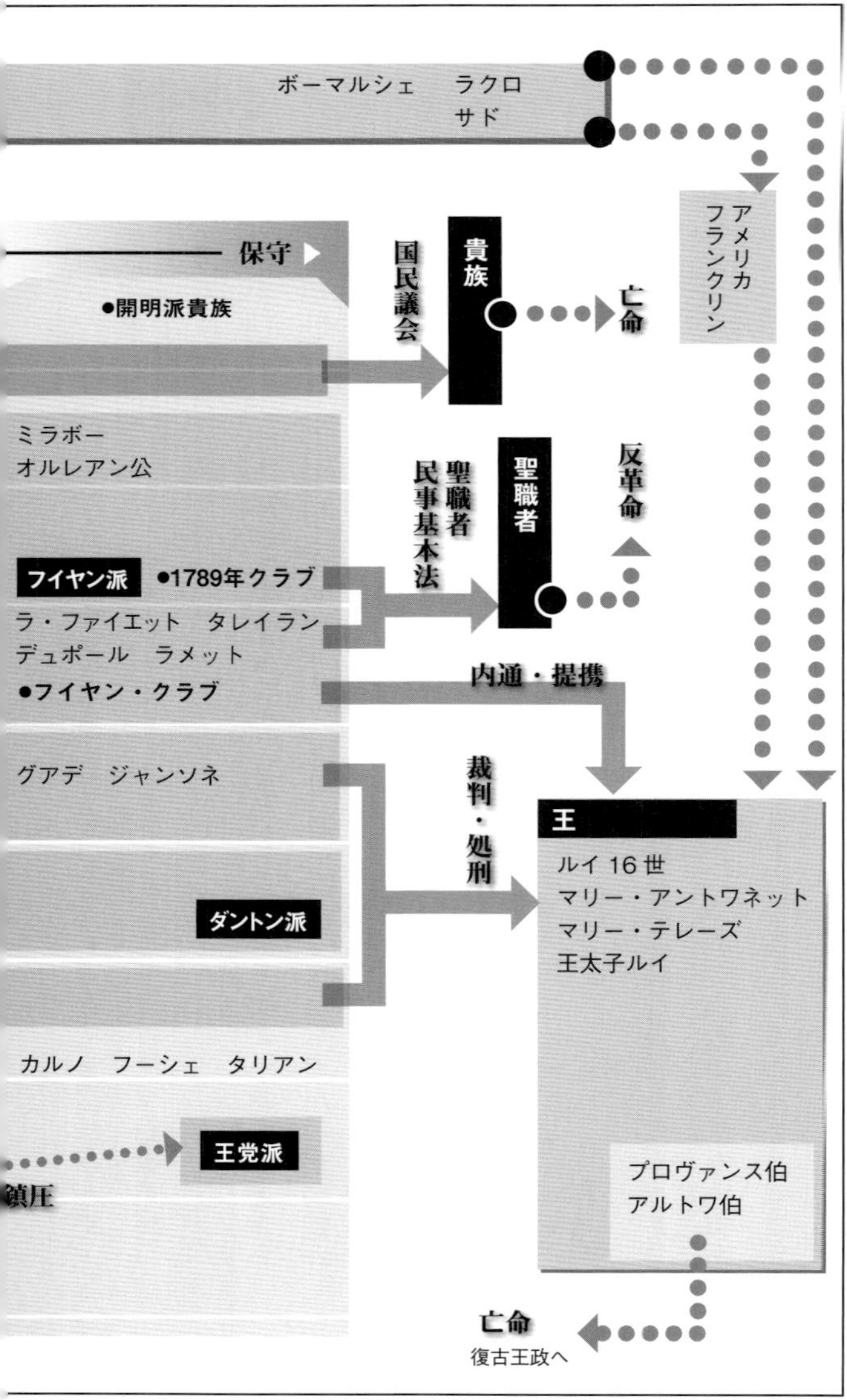

ボーマルシェ　ラクロ
サド
アメリカ
フランクリン
保守
●開明派貴族
国民議会
貴族
亡命
ミラボー
オルレアン公
聖職者
民事基本法
聖職者
反革命
フイヤン派　●1789年クラブ
ラ・ファイエット　タレイラン
デュポール　ラメット
●フイヤン・クラブ
内通・提携
グアデ　ジャンソネ
裁判・処刑
王
ルイ16世
マリー・アントワネット
マリー・テレーズ
王太子ルイ
ダントン派
カルノ　フーシェ　タリアン
王党派
鎮圧
プロヴァンス伯
アルトワ伯
亡命
復古王政へ

フランス革命期の人物関係図

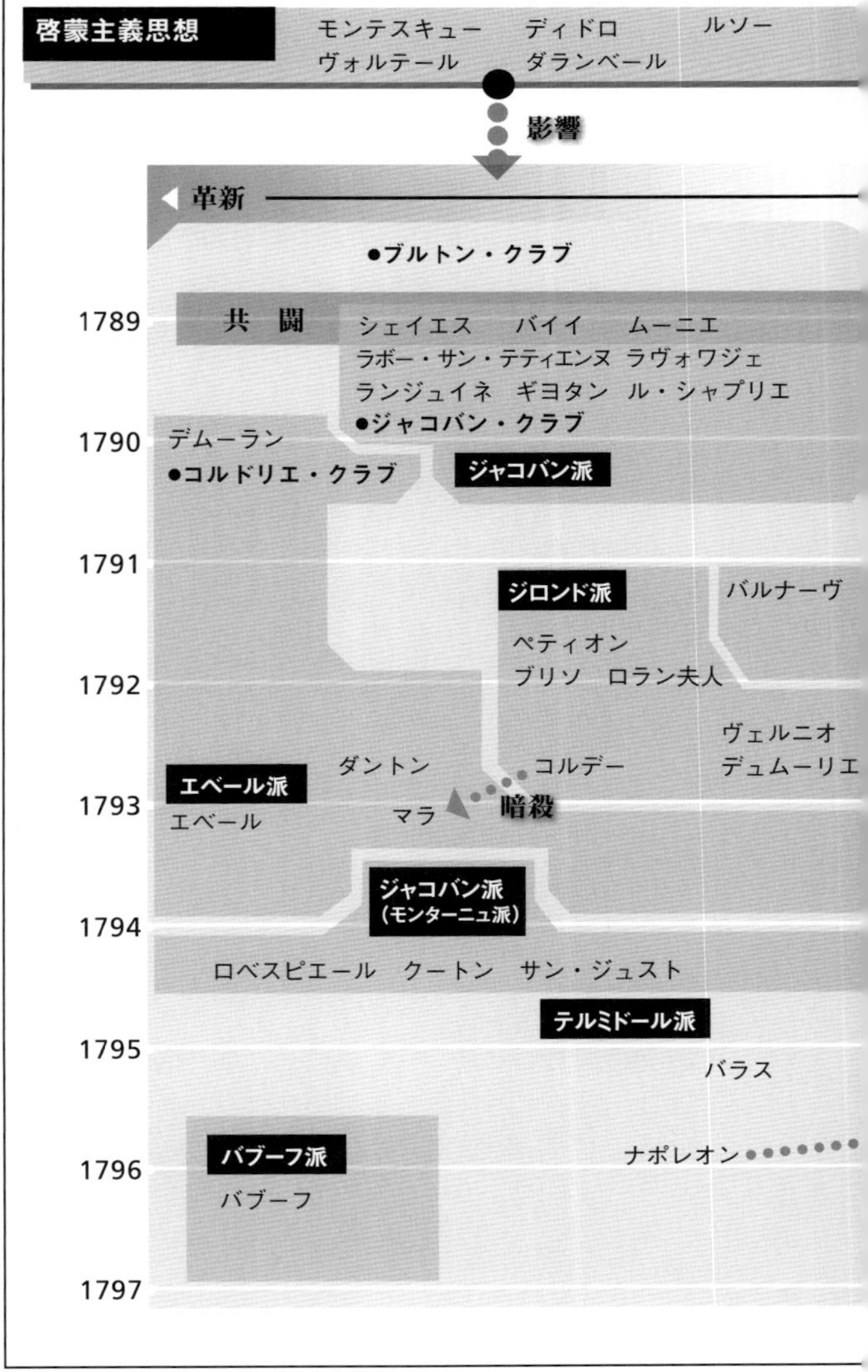

啓蒙主義思想
モンテスキュー
ディドロ
ルソー
ヴォルテール
ダランベール
影響
革新
●ブルトン・クラブ
1789
共　闘
シェイエス　バイイ　ムーニエ
ラボー・サン・テティエンヌ　ラヴォワジェ
ランジュイネ　ギヨタン　ル・シャプリエ
●ジャコバン・クラブ
1790
デムーラン
●コルドリエ・クラブ
ジャコバン派
1791
ジロンド派
バルナーヴ
ペティオン
1792
ブリソ　ロラン夫人
ヴェルニオ
デュムーリエ
エベール派
ダントン
コルデー
1793
エベール
マラ
暗殺
ジャコバン派
（モンターニュ派）
1794
ロベスピエール　クートン　サン・ジュスト
テルミドール派
1795
バラス
バブーフ派
1796
ナポレオン
バブーフ
1797

フランス革命史年表

<<1774

1700年代

74年	5月10日	ルイ十六世が即位する
75年	4月19日	アメリカ独立戦争が始まる
76年	7月4日	アメリカ第二回大陸会議が独立宣言を採択する
77年	6月29日	ネッケルが財務長官に就任する
78年	2月6日	フランスとアメリカの同盟が締結される
81年	2月19日	ネッケルが財務長官を解任される
83年	9月3日	パリ条約、アメリカ独立を承認される
	11月10日	カロンヌが財務総監に就任する
87年	2月22日	名士会議が召集されるが、カロンヌ提案は否決される
	4月8日	カロンヌが財務総監を解任される。後任にロメニ・ドゥ・ブリエンヌ
	6月	パリ高等法院が財政改革案の登記を拒否、全国三部会の召集を求める
	8月14日	国王政府はパリ高等法院をトロワに追放
	9月4日	財政改革案が取り下げられ、パリ高等法院はパリに戻る
88年	5月8日	ラモワニョンの法制改革が強行登記、諸高等法院の権限を無効化する試みに各地で反発が強まる
	6月7日	グルノーブルで「屋根瓦の日」が起こる
	7月21日	ドーフィネ州三部会が開催される

8月8日　国王政府は全国三部会の召集を決める
8月16日　国家の破産が宣言される
8月26日　ネッケルが財務長官に復職
12月27日　国王政府は全国三部会における第三身分（平民）代表議員定数を、第一身分（聖職者）、第二身分（貴族）の二倍と決める

89年

1月　シェイエスの『第三身分とは何か』
5月5日　ヴェルサイユで全国三部会が開幕する
6月17日　第三身分代表議員が国民議会の設立を宣言する
6月20日　球戯場の誓い、国民議会は憲法が制定されるまで解散しないと宣誓
6月23日　王が議会に親臨、国民議会に解散を命じる
6月27日　王が譲歩、第一、第二身分代表議員に国民議会への合流を勧告する
7月11日　ネッケルが財務長官を解任される
7月12日　デムーラン演説をきっかけに、パリが蜂起に踏み出す
7月14日　群集の襲撃にバスティーユ要塞が陥落する
7月15日　バイイがパリ市長に、ラ・ファイエットが国民衛兵隊司令官になる
7月17日　ルイ十六世がパリを訪問して、革命と和解する
8月4日　議会で封建制の廃止が宣言される
8月26日　議会で人間と市民の権利（人権宣言）が採択される

10月5〜6日　パリの女たちがヴェルサイユ行進を行う。国王一家もパリに移動
10月19日　ブルトン・クラブが憲法友の会と改称し、その集会場をパリのジャコバン僧院に置く（ジャコバン・クラブの発足）
11月2日　議会でタレイランが教会財産の国有化を訴える

90年
4月27日　コルドリエ僧院に人権友の会が設立される（コルドリエ・クラブの発足）
7月12日　議会で聖職者民事基本法が可決
7月14日　パリで第一回全国連盟祭
11月27日　議会は全ての聖職者に聖職者民事基本法への宣誓を義務づける

91年
3月10日　教皇ピウス六世が聖職者民事基本法を断罪する
4月2日　ミラボーが死没する
6月20〜21日　国王一家がパリ脱出、ヴァレンヌで捕らえられる（ヴァレンヌ事件）
7月16日　ジャコバン・クラブ分裂、フイヤン・クラブが発足
7月17日　シャン・ドゥ・マルスの虐殺
9月30日　九一年憲法の制定
10月1日　立法議会が始まる
11月16日　パリ市長選でペティオンがラ・ファイエットに勝利する

92年
3月23日　ジロンド派内閣の成立
3月25日　オーストリアに最後通牒を出す

4月20日 オーストリアに宣戦布告
6月13日 ジロンド派の閣僚が解任される
6月20日 パリの群衆がテュイルリ宮に押しかけ抗議する
8月10日 パリの群衆が蜂起して、テュイルリ宮で戦闘が起こる
8月11日 暫定政府が樹立される
8月13日 国王一家がタンプル塔に監禁される
9月2〜6日 パリで九月虐殺
9月20日 ヴァルミィの戦いでデュムーリエ、ケレルマンのフランス軍が勝利
9月21日 国民公会が始まる、王政の廃止が決議される
9月22日 共和政の樹立
12月11日 ルイ十六世の審問が始まる

93年

1月20日 議会はルイ十六世の死刑を決める
1月21日 ルイ十六世が処刑される
3月10日 革命裁判所の設立
3月 ヴァンデ地方で反乱が激化、フランス西部が内乱状態に突入する
4月6日 公安委員会の設置
6月2日 ジロンド派の追放が始まる
6月24日 共和国一年の憲法を制定

7月13日 マラが暗殺される
7月27日 ロベスピエールが公安委員会に入る
8月27日 トゥーロンの王党派が蜂起、イギリスに港を開く
10月16日 マリー・アントワネットが処刑される
10月31日 ジロンド派が処刑される
11月8日 ロラン夫人が処刑される
11月10日 理性の祭典
11月24日 ファーブル・デグランティーヌの革命暦が採用される
12月19日 トゥーロンの王党派が降服する

94年
3月24日 エベール派が処刑される
3月28日 コンドルセが獄中で自殺する
4月5日 ダントン派が処刑される
6月4日 ロベスピエールが国民議会の議長になる
6月8日 最高存在の祭典
7月27日 テルミドール九日の反動、ロベスピエール派が失脚する
7月28日 ロベスピエール、クートン、サン・ジュストらが処刑される
11月12日 ジャコバン・クラブが閉鎖される

95年
3月2日 バレール、コロー・デルボワ、ビヨー・ヴァレンヌが逮捕される

4月1日　ジャコバン派によるジェルミナールの蜂起
5月20日　ジャコバン派によるプレリアールの蜂起
6月8日　ルイ十七世が死亡
8月22日　共和国三年の憲法が発布される
10月5日　王党派によるヴァンデミエール十三日の蜂起、ナポレオンが鎮圧にあたる
10月27日　総裁政府が成立する

96年
3月9日　ナポレオンとジョゼフィーヌが結婚する
3月11日　ナポレオンがイタリア遠征に出発する
5月10日　バブーフの陰謀が発覚する

97年
5月27日　バブーフ派が処刑される
9月4日　テルミドール派によるフリュクティドール十八日のクー・デタ

98年
5月11日　テルミドール派によるフロレアール二十二日のクー・デタ、ジャコバン派ならびに王党派議員の当選を無効とする
5月19日　ナポレオンがエジプト遠征を始める

99年
11月9日　ブリュメール十八日のクー・デタ、ナポレオンが権力を掌握する

02年
8月2日　ナポレオンが終身の第一統領になる

04年
12月2日　ナポレオンがフランス皇帝になる

主要参考文献

Soboul, A., *Dictionnaire historique de la Révolution française*, Paris, 1989.
Furet, F., et Ozouf, M., *Dictionnaire critique de la Révolution française*, Paris, 1992.
Reichardt, R., *Visualizing the Revolution*, London, 2008.
Hould, C., *La Révolution par le dessin*, Paris, 2008.
Chevalier, K., *David : à la recherche du héros perdu*, Paris, 2009.
Gallo, M., *Les 100 visages de la Révolution*, Paris, 2009.
Lever, É., *Marie-Antoinette : la dernière reine*, Paris, 2000.
芝生瑞和『図説フランス革命』河出書房新社、一九八九年
多木浩二『絵で見るフランス革命―イメージの政治学』岩波新書、一九八九年
J・M・ロバーツ『図説世界の歴史7　革命の時代』創元社、二〇〇三年
フランソワ・トレモリエール、カトリーヌ・リシ編『ラルース図説世界史人物百科Ⅱ　ルネサンス―啓蒙時代』原書房、二〇〇四年
同『ラルース図説世界史人物百科Ⅲ　フランス革命―世界大戦前夜』二〇〇五年

肖像画索引

あ

アルトワ伯（シャルル十世）　Charles-Philippe, comte d'Artois　83
イスナール　Henri Maximin Isnard　97
ヴェルニオ　Pierre Victurnien Vergniaud　96
ヴォルテール　François Marie Arouet Voltaire　24
エベール　Jacques René Hébert　109
エロー・ドゥ・セシェル　Marie Jean Hérault de Séchelles　118
オルレアン公　Louis Philippe Joseph, duc d'Orléans　40

か

カトリノー　Jacques Cathelineau　65
カルノ　Lazare Nicolas Marguerite Carnot　139
ギヨタン　Joseph Ignace Guillotin　45
グアデ　Marguerite Élie Guadet　96
クートン　Georges Auguste Couthon　127
コルデー、シャルロット　Marie Anne Charlotte Corday d'Armont　114

コロー・デルボワ	Jean-Marie Collot d'Herbois	118 136
コンドルセ	Jean Antoine Nicolas Caritat, marquis de Condorcet	

さ

サド	Donatien Alphonse François de Sade	26
サン・ジュスト	Louis Antoine de Saint-Just	130
シェイエス	Emmanuel Joseph Sieyès	46
シャルトル公ルイ・フィリップ	Louis-Philippe, duc de Chartres	84
ジャンソネ	Armand Gensonné	96
ジョゼフィーヌ	Marie-Josèphe Rose Tascher de la Pagerie, dit Joséphine	150

た

ダランベール	Jean Le Rond d'Alembert	25
タリアン	Jean-Lambert Tallien	139
タリアン夫人	Thérésia de Cabarrus Tallien	150
タルマ	François Joseph Talma	59
タレイラン	Charles Maurice de Talleyrand-Périgord	60
ダントン	Georges Jacques Danton	105

ディドロ Denis Diderot 24
デムーラン Camille Benoist Desmoulins 51 117
デュコ Pierre Roger Ducos 96
デュポール Adrien Jean François Duport 57
デュムーリエ Charles-François Du Périer Dumouriez 101
ドラクロワ Ferdinand Victor Eugène Delacroix 63

な

ナポレオン Napoléon Bonaparte 147
ネッケル Jacques Necker 23

は

バイイ Jean Sylvain Bailly 45
バブーフ François-Noël Babeuf, dit Gracchus Babeuf 143
バラス Paul François Jean Nicolas, vicomte de Barras 140
バルナーヴ Antoine Pierre Joseph Marie Barnave 56
バルバルー Charles Jean Marie Barbaroux 97
バレール Bertrand Barère 136

ピウス六世　Pie VI　62
ビヨー・ヴァレンヌ　Jean Nicolas Billaud-Varenne　136
ファーブル・デグランティーヌ　Philippe François Nazaire Fabre d'Églantine　107
フェルセン　Hans-Axel de Fersen　74
フーキエ・タンヴィル　Antoine Quentin Fouquier-Tinville　123
フーシェ　Joseph Fouché　139
フランクリン　Benjamin Franklin　17
ブリソ　Jacques Pierre Brissot, dit Brissot de Warville　93
ブリュヌ　Guillaume Marie-Anne Brune　107
プロヴァンス伯（ルイ十八世）　Louis-Stanislas Xavier, comte de Provence　81
ペティオン　Jérôme Pétion　91
ボーマルシェ　Pierre Augustin Caron de Beaumarchais　25
ボワイエ・フォンフレード　Jean Baptiste Boyer-Fonfrède　96
ボワジュラン　Jean-de-Dieu Raymond de Cucé de Boisgelin　61

ま

マラ　Jean-Paul Marat　112
マリー・アントワネット　Marie-Antoinette de Habsbourg-Lorraine　75　77

マリー・テレーズ Marie-Thérèse 79
ミラボー Honoré Gabriel Riqueti, comte de Mirabeau 35
ムーニエ Jean-Joseph Mounier 57
モーリ Jean-Siffrein Maury 61
モンテスキュー Charles de Secondat de Montesquieu 24

ら

ラヴォワジェ Antoine Laurent de Lavoisier 45
ラクロ Pierre Choderlos de Laclos 25
ラ・ファイエット Marie Joseph Paul Yves Roch Gilbert du Motier, marquis de La Fayette 41
ラボー・サン・テティエンヌ Jean-Paul Rabaut Saint-Étienne 44
ラメット Alexandre de Lameth 57
ランジュイネ Jean-Denis Lanjuinais 44
ルイ十七世 Louis XVII 80
ルイ十六世 Louis XVI 15 69 70
ル・シャプリエ Issac-René-Guy Le Chapelier 44
ルソー Jean-Jacques Rousseau 27

ロベスピエール Maximilien François Isidore Robespierre 124
ロラン Jean-Marie Roland de la Platière 100
ロラン夫人 Jeanne-Marie Phlipon Roland 99

写真提供

The Bridgeman Art Library
カバー , 表紙 , p.15, 17, 20-21, 24, 25(下), 27, 35, 38-39, 41, 44(上・中), 45(下), 46, 56, 59, 60, 62, 65, 69, 70, 75, 77, 81, 83, 84, 91, 93, 99, 101, 105, 107(左), 109, 112, 115, 117, 118(右), 124, 127, 134-135, 136(中・下), 139(下), 143, 147, 152-153

VISION
p.25(上・中), 26, 45(上), 57(中), 61(左), 97(上), 118(左), 123, 139(上), 150(上)

La Collection
p.44(下), 136(上)

AKG/PPS
p.51

Granger/PPS
p.130

協力：アートモール